COLLECTION

DES

CLASSIQUES FRANÇOIS,

DIRIGÉE PAR L. S. AUGER,

DE L'ACADÉMIE FRANÇOISE.

IMPRIMERIE DE JULES DIDOT AINÉ,

IMPRIMEUR DU ROI,

Rue du Pont-de-Lodi, n° 6.

OEUVRES

COMPLÈTES

DE BOILEAU.

___

TOME CINQUIÈME.

A PARIS,

CHEZ LEFÈVRE, RUE DE L'ÉPERON, N° 6,
ET BRIÈRE, RUE S.-ANDRÉ, N° 68.

___

1825.

LETTRES DE BOILEAU.

LETTRE LXX.

BROSSETTE A BOILEAU.

Lyon, 10 mars 1699.

Monsieur,

Je suis arrivé à Lyon depuis quinze jours. Si j'avois pu suivre mon inclination, je n'aurois pas tardé si long-temps à vous écrire; mais mon retour en cette ville a été suivi d'un si grand nombre d'occupations, qu'il m'a été impossible de faire ce que je souhaitois le plus, et dont je devois le moins me dispenser. D'ailleurs, je voulois avant toutes choses m'acquitter de la promesse que je vous avois faite, monsieur, de vous envoyer le procès-verbal des ordonnances; et, comme je vous tiens parole aujourd'hui, je me trouve en état de paroître devant vous avec plus de confiance.

Vous trouverez dans le même paquet un livre d'une espèce bien différente : c'est l'ouvrage ridicule d'un auteur très ridicule [1]. Son livre est chargé de tant d'impertinences, que je compte bien qu'il vous fera rire plutôt que de vous affliger. J'ai eu l'honneur de vous dire à Paris que l'année dernière un libraire de Lyon, à qui l'auteur avoit envoyé son manuscrit, me l'avoit apporté pour savoir s'il feroit bien de l'imprimer; mais que je l'en avois détourné, en lui faisant voir que l'ouvrage ne valoit rien. Il renvoya donc le manuscrit à Bonnecorse, qui a pris le parti, dit-on, de le faire imprimer à Marseille, et qui en a fait apporter à Lyon quelques exemplaires :

Mais son livre inconnu sèche dans la poussière [2];

et l'exemplaire que je vous envoie est infailliblement le seul qui aura le bonheur d'aller à Paris.

On vient de m'apporter la bordure que j'ai fait faire au portrait [3] dont vous m'avez fait présent,

---

[1] Le LUTRIGOT, poëme héroï-comique du sieur Bonnecorse. Il avoit été imprimé pour la première fois en 1686.

[2] Le Jonas inconnu sèche dans la poussière.
Sat. IX.

[3] Cizeron-Rival croit que ce portrait, peint par San-

et vous voilà placé dans le plus bel endroit de mon cabinet. Je ne doute pas que vous n'en fussiez content, si vous pouviez le voir; mais vous le seriez bien davantage, si vous étiez témoin de l'empressement qu'ont tous les honnêtes gens de vous venir rendre visite chez moi. Chacun tâche de renchérir sur vos louanges; il n'est pas même jusqu'à nos poëtes qui n'aient travaillé sur ce sujet. Voici quatre vers de la façon d'un de nos amis :

> Vous qui voulez savoir quel est le personnage
> Représenté dans ce tableau,
> Approchez-en un sot ouvrage,
> Vous connoîtrez que c'est Boileau.

Enfin, monsieur, chacun veut avoir quelque part à l'honneur de vous louer. Pour moi qui ai sur eux l'avantage de vous connoître plus particulièrement, j'ai aussi celui de vous honorer avec plus de respect, et, si je l'ose dire, de vous aimer avec plus de tendresse. Je suis, monsieur, votre très humble, etc.

terre, étoit, en 1770, dans la bibliothéque des Augustins de Saint-Vincent, à Lyon.

LETTRE LXXI.

A BROSSETTE.

Paris, 25 mars 1699.

La maladie de M. Racine, qui est encore en fort grand danger, a été cause, monsieur, que j'ai tardé quelques jours à vous faire réponse. Je vous assure pourtant que j'ai reçu votre lettre avec fort grand plaisir. Mais pour le livre de M. de Bonnecorse, il ne m'a ni affligé, ni réjoui. J'admire sa mauvaise humeur contre moi; mais que lui a fait la pauvre Terpsichore, pour la faire une muse de plus mauvais goût que ses autres sœurs? Je le trouve bien hardi d'envoyer un si mauvais ouvrage à Lyon; ne sait-il pas que c'est la ville où l'on obligeoit les méchants écrivains à effacer eux-mêmes leurs écrits avec la langue [1]? n'a-t-il point peur que cette mode

---

[1] Dans le temple, depuis l'abbaye d'*Ainay*, à Lyon. « C'est là que les Grecs fugitifs établirent une école de « sagesse, que, par attachement pour leur patrie, ils ap- « pelèrent *Athenas*, nom que l'on reconnoît encore dans

ne se renouvelle contre lui, et ne le fasse *pâlir :*

Ut Lugdunensem rhetor dicturus ad aram [1]?

Je suis bien aise que mon tableau y excite la curiosité de tant d'honnêtes gens, et je vois bien qu'il reste encore chez vous beaucoup de cet ancien esprit qui y faisoit haïr les méchants auteurs, jusqu'à les punir du dernier supplice. C'est vraisemblablement ce qui a donné de moi une idée si avantageuse. L'épigramme qu'on a faite pour mettre au bas de ce tableau est fort jolie. Je doute pourtant que mon portrait donnât un signe de vie dès qu'on lui présenteroit un sot ouvrage, et l'hyperbole est un peu forte. Ne seroit-il point mieux de mettre, suivant ce qui est représenté dans cette peinture :

Ne cherchez point comment s'appelle
L'écrivain peint dans ce tableau :

« *Athanacum* ou *Athenatum*, mal francisé dans celui « d'*Ainay*. C'est là que Caligula établit ensuite ces dis- « putes bizarres, où les auteurs qui manquoient le prix « étoient condamnés à effacer leurs écrits avec la langue, « ou à être châtiés à coups de verges, ou même jetés dans « le Rhône. » Aimé Guillon; *Lyon, tel qu'il étoit,* etc., page 23.

[1] Juvénal, sat. I, v. 44.

> A l'air dont il regarde et montre la Pucelle,
> Qui ne reconnoîtroit Boileau ?

Je vous écris tout ceci, monsieur, au courant de la plume ; mais si vous voulez que nous entretenions commerce ensemble, trouvez bon, s'il vous plaît, que je ne me fatigue point, *et hanc veniam petimusque damusque vicissim ;* et sur-tout évitons les cérémonies, et ces grands espaces de papier vides d'écriture à toutes les pages ; et ne me donnez point, par les termes respectueux dont vous m'accablez, occasion de vous dire :

> Vis te, Sexte, coli ; volebam amare.

En un mot, monsieur, mettez-moi en droit, par la première lettre que vous me ferez l'honneur de m'écrire, de n'être plus obligé de vous dire si respectueusement que je suis....

LETTRE LXXII.

BROSSETTE A BOILEAU.

Lyon, 15 avril 1699.

Monsieur,

Je ne doute pas que la maladie de M. Racine ne vous ait fort occupé et fort affligé. La nouvelle que j'avois eue de cette maladie m'avoit aussi donné de la crainte et de la douleur ; car je ne puis manquer de prendre beaucoup d'intérêt à la santé de ce grand homme, avec qui vous êtes lié par une amitié si ancienne et si intime : d'ailleurs vous avez été témoin quelquefois des bontés qu'il m'a témoignées à votre considération. Je crois pouvoir à présent vous féliciter de son rétablissement, et je m'en réjouis avec vous, comme je ferai de tous les plaisirs qui vous arriveront.

L'épigramme que vous m'avez envoyée, pour servir d'inscription à votre portrait, est telle que je la pouvois souhaiter. J'en ai fait un bon usage, car je l'ai fait écrire en lettres d'or sur un cartouche, ménagé dans les ornements de sculpture qui sont au haut du cadre ; et j'ai fait écrire au cartouche d'en bas ces six vers de votre épître X, accommodés au sujet :

> Tu peux voir dans ces traits qu'au fond cet homme horrible,
> Ce censeur, qu'on a cru si noir et si terrible,
> Fut un esprit doux, simple, ami de l'équité;
> Qui, cherchant dans ses vers la seule vérité,
> Fit, sans être malin, ses plus grandes malices;
> Et sa candeur fit tous ses vices.

Nous avons vu ici des premiers la bulle de condamnation de M. de Cambrai [1]. Aussi, ne vous en parlerai-je pas comme d'une chose nouvelle ; c'est seulement pour vous envoyer ces petits vers [2], que sans doute vous ne savez pas :

> En vain pour son système un grand prélat s'obstine,
> Il le verra toujours contredit, traversé ;
> Un siècle où l'intérêt domine,
> Ne sauroit goûter la doctrine
> De l'amour désintéressé.

[1] Le pape Innocent XII condamna, le 12 mars 1699, le livre de Fénelon, intitulé : EXPLICATION DES MAXIMES DES SAINTS ; mais la soumission de ce prélat fut un véritable triomphe pour lui.

[2] Ils sont de François Gacon, qui se faisoit nommer le poëte *sans fard*.

Vous voyez, monsieur, que je commence à me servir de la liberté que vous m'accordez d'entrer en commerce avec vous ; mais je vous avoue que j'agirois bien contre mon intention, s'il arrivoit que ce commerce vous causât le moindre embarras : *Tu poteris salve atque vale brevitate parata scribere sæpe mihi.* Voilà, monsieur, tout ce que j'ose vous demander. Je suis avec la soumission la plus tendre et la plus respectueuse, monsieur, votre très humble, etc.

LETTRE LXXIII.

A M. DE PONTCHARTRAIN LE FILS,
COMTE DE MAUREPAS.

..... 1699.

Quelque affligé que je sois, monseigneur, la douleur ne m'a pas encore rendu si stupide que je ne sente, comme je dois, l'extrême honneur que vous m'avez fait en m'écrivant d'une manière si obligeante, sur la mort de mon illustre ami [1]. Vous avez parfaitement tracé son éloge en très peu de

---

[1] Racine mourut le 21 avril 1699.

mots, et je doute que l'écrivain qui sera reçu en sa place à l'académie le fasse mieux en beaucoup de périodes. N'attendez pas cependant, monseigneur, de moi sur cela une réponse digne de votre obligeante lettre. Il me reste assez de raison pour comprendre ce que je vous dois ; mais non pas assez de liberté d'esprit pour vous exprimer ma reconnoissance ; et tout ce que je puis faire, c'est de vous assurer que je suis avec un très grand zèle et un très grand respect, monseigneur, etc.

Permettez pourtant que j'ajoute encore ce peu de mots, pour vous dire que c'est sur M. de Valincour qu'il m'a semblé que tous les académiciens tournent les yeux pour remplir la place de M. Racine ; et j'espère que vous voudrez bien l'appuyer de votre crédit[1], puisque c'est l'homme du monde le plus digne de lui succéder, et le plus propre à ne lui point faire un fade panégyrique[2].

[1] Il lui succéda en effet, et fut reçu le 27 juin, à la grande satisfaction de Boileau, qui l'estimoit infiniment.
[2] M. de Pontchartrain le fils, secrétaire d'état en survivance, avoit les académies dans son département.

LETTRE LXXIV.

A BROSSETTE.

Paris, 9 mai 1699.

Vous vous figurez bien, monsieur, que, dans l'affliction et dans l'accablement d'affaires où je suis, je n'ai guère le temps d'écrire de longues lettres. J'espère donc que vous me pardonnerez si je ne vous écris qu'un mot, et seulement pour vous instruire de ce que vous me demandez. Je ne suis point encore à Auteuil, parceque mes affaires et ma santé, qui est fort altérée, ne me permettent pas d'y aller respirer l'air, qui est encore très froid, malgré la saison avancée, et dont ma poitrine ne s'accommode pas. J'ai pourtant été à Versailles, où j'ai vu madame de Maintenon, et le roi ensuite, qui m'a comblé de bonnes paroles : ainsi me voilà plus historiographe que jamais. Sa Majesté m'a parlé de M. Racine d'une manière à donner envie aux courtisans de mourir, s'ils croyoient qu'elle parlât d'eux de la sorte après leur mort. Cependant cela m'a très peu consolé de la perte de cet illustre ami, qui n'en est pas moins mort, quoique regretté du plus grand roi de l'univers[1].

Pour mon affaire de la noblesse, je l'ai gagnée avec éloge, du vivant même de M. Racine, et j'en ai l'arrêt en bonne forme, qui me déclare noble de quatre cents ans[2]. M. de Pommereu, président de l'assemblée, fit en ma présence, l'assemblée tenant, une réprimande à l'avocat des traitants, et lui dit ces propres mots : « Le roi veut bien que « vous poursuiviez les faux nobles de son royaume; « mais il ne vous a pas pour cela donné permission « d'inquiéter des gens d'une noblesse aussi avérée « que sont ceux dont nous venons d'examiner les « titres. Que cela ne vous arrive plus. ». Je ne sais si M. Perrachon[3] a de meilleures preuves de sa

---

[1] « Après la mort de M. Racine, M. Despréaux vint « à la cour proposer au roi M. de Valincour pour être son « associé à l'histoire. Du plus loin que le roi aperçut le « satirique, il lui cria : Despréaux, nous avons beaucoup « perdu, vous et moi, à la mort de Racine. — Tout ce « qui me console, sire, repartit M. Despréaux, c'est que « mon ami a fait une fin très chrétienne et très coura« geuse, quoiqu'il craignît extrêmement la mort. — Oui, « oui, répliqua le roi, je m'en souviens : c'étoit vous qui « étiez le brave au siège de Gand. » (BOLÆANA, n° XIII.)

[2] Cet arrêt fut rendu le 10 avril 1699.

[3] Avocat à Lyon.

noblesse que cela ; et je ne vois pas qu'il les ait rapportées dans son livre [1]. Adieu, monsieur ; croyez que je suis affectueusement....

LETTRE LXXV.

BROSSETTE A BOILEAU.

Lyon, 6 juin 1699.

Monsieur,

La dernière lettre que vous m'avez fait l'honneur de m'écrire m'a enfin appris la confirmation de votre noblesse. La joie que m'a causée cette lettre obligeante ne pouvoit être augmentée que par une nouvelle aussi agréable que celle que vous me donnez. Mais, monsieur, permettez-moi de vous dire que par-là vous me mettez en droit de vous demander une copie de votre arrêt, et une suite de votre généalogie, depuis Jean Boileau, en 1372, jusqu'à nous. Vous avez eu la complaisance de me le promettre, et j'ose espérer que

---

[1] Intitulé : LE FAUX SATIRIQUE PUNI ; dirigé contre Gacon.

vous ne me le refuserez pas, parceque vous connoissez l'empressement que j'ai d'être instruit particulièrement de tout ce qui vous regarde. Quand ces titres ne serviroient pas à ma propre satisfaction, ils ne seroient pas inutiles pour l'usage que j'en veux faire; car enfin, monsieur, il faut que je vous fasse confidence de toutes mes folies. J'ai résolu de répondre à toutes les critiques qu'on a faites de vos ouvrages, suivant le plan, la manière, et, s'il se peut, le style dont M. Arnauld s'est servi pour défendre votre satire X, dans sa lettre à M. Perrault. Que direz-vous, monsieur, de mon entreprise? J'en connois toute la témérité, ou du moins l'inutilité. Je sais que vos ouvrages sont infiniment au-dessus des atteintes que la jalouse ignorance a essayé de leur donner; ils se soutiennent assez par eux-mêmes, et vous vous ferez toujours assez admirer sans le secours d'un apologiste tel que moi. Mais cependant, monsieur, la matière est si belle, et votre défense est si facile, que je sens bien que j'aurai toutes les peines du monde à résister à une tentation si glorieuse. C'est pour cela que je ramasse depuis long-temps, avec beaucoup de soin, tous les mémoires qui peuvent m'aider pour ce dessein; et les éclaircissements que vous avez eu la bonté de me donner sur vos ouvrages me serviront de principal ornement.

Je viens à votre dernière lettre, parcequ'elle a donné lieu à une rencontre dont je suis bien aise de vous informer. Quand je reçus votre lettre, M. Perrachon se trouva chez moi, où il vient quelquefois me débiter ses visions pédantesques. Comme je sais qu'il se déclare contre vous dans toutes les compagnies où il le peut faire, quand il ne craint pas les *releveurs*, je fus bien aise de lui lire l'endroit où vous me parlez de sa prétendue noblesse, qu'il nous réduit à croire simplement sur sa bonne foi. Il fut un peu surpris de se trouver dans votre lettre ; mais il n'osa pas, en ma présence, faire paroître sa burlesque vivacité. Il se contenta de dire qu'apparemment vous vouliez faire entendre que votre noblesse étoit aussi bien établie que la sienne, mais que peut-être l'on vous avoit fait quelque grace.

Vous jugez bien qu'étant instruit comme je l'étois, je ne demeurai pas sans réplique ; je lui dis tout ce que j'avois vu de votre généalogie bien suivie et bien prouvée ; je lui fis voir les *Mémoires de Miraulmont*[1], que je tiens, comme vous savez, de M. l'abbé Dongois, dans les endroits où il est parlé de Jean Boileau, page 38, et de Henri Boileau, page 226. Je lui confirmai ce témoignage par

---

[1] Sur l'origine du parlement, Paris, 1612.

un autre, que j'ai découvert depuis peu, dans l'*Histoire chronologique de la chancellerie,* par Taissereau, imprimée chez Lepetit, en 1676. Je lui fis lire dans cette histoire, page 21, que « le roi Jean « fit une ordonnance pour la restriction de ses se-« crétaires et notaires, » laquelle se trouve au mémorial D., qui est en la chambre des comptes, commençant en l'an 1359, et finissant en 1381, au fol. 25 v°, dont s'ensuit l'extrait : « Ci-dessous sont « les noms des secrétaires et notaires ordenés et « retenus pour nous servir, lesquels suivront con-« tinuellement de présent, etc., Martin de Mellon, etc., Jean Boileau. » (C'est le même dont parle Miraulmont) ; et à la fin : « Et en signe que « cette présente ordonnance procède de notre pro-« pre conscience, nous avons fait sceller ce rôle de « notre scel secret » ; et dans la page 16 de la même histoire, il paroît que « le nommé Jean Boileau « est des notaires du roi examinés et trouvés suffi-« sants par le parlement, pour écrire et faire let-« tres en françois et en latin, le 26 jour d'août 1342. « Extrait du registre du mémorial B., commen-« çant en 1330, fol. 176, » où l'on voit encore que lesdites lettres furent envoyées par le roi en la chambre des comptes, le 21 septembre 1343.

M. Perrachon ne put démentir des témoignages si authentiques ; mais il ne voulut pas céder l'ancienneté de la noblesse : car il se retrancha dans *le torre de' Perrachoni*, qui, selon lui, sont plus anciennes que tout cela. Je lui répondis froidement que c'étoient là de grands titres à produire dans un procès ; et je lui citai en même temps un des couplets de la chanson dont je vous ai parlé autrefois, et qu'on avoit faite ici dès que son livre parut :

> Or, pour vous prouver ma noblesse,
> Il ne faut que voir en Piémont
> Deux tours, qui, malgré leur vieillesse,
> Y portent encore mon nom, etc.

Je vais vous dire un mot du livre que vous trouverez dans ce paquet ; il contient deux petits poëmes latins, l'un sur l'aimant (*magnes*) et l'autre sur le café (*faba arabica*)[1]. La versification en est douce et nombreuse, les descriptions en sont vives, et les peintures qu'il fait sont très naturelles. Ce qui a donné lieu au poëme de l'aimant, est le cabinet de M. de Puget[2], qui est un excellent philo-

---

[1] Ces deux poëmes se trouvent dans un recueil intitulé : POEMATA DIDASCALICA.

[2] Louis de Puget, ou du Puget, né à Lyon en 1629, mort le 16 décembre 1709 ; l'un des plus savants physiciens de son temps. — Thomas-Bernard Fellon, jésuite, a été l'un des premiers membres de l'académie de Lyon.

sophe, et le plus savant magnétiste que nous ayons. L'auteur de ces poëmes est le père Fellon, jésuite fort spirituel, et qui est bien de mes amis. Je suis, etc.

LETTRE LXXVI.

A BROSSETTE.

Paris, 22 juillet 1699.

J'ai été, monsieur, si occupé depuis votre longue et pourtant trop courte lettre, que je n'ai pu vous faire plus tôt réponse. Plût à Dieu que je pusse aussi bien prouver à M. Perrachon le mérite de mes ouvrages, que la noblesse et l'antiquité de mes pères! Je doute qu'alors il pût préférer même ses écrits aux miens. Je ne vous envoie point néanmoins, pour ce voyage, la copie de mon arrêt, parcequ'il est trop gros, le greffier qui l'a dressé ayant pris soin d'y énoncer toutes les preuves que j'alléguois, et cela fait plus de trente rôles en parchemin, d'écriture assez minutée. Cependant, si vous persistez dans l'envie de l'avoir, je vous le ferai tenir au premier jour. Vous m'avez fort réjoui avec *le torre de' Perrachoni*. Je crois que M. Perrachon ne feroit pas mal de se tenir sur le haut d'une de ces tours, avec une lunette à longue vue, pour voir s'il ne découvrira point quelqu'un qui aille à Lyon ou à Paris acheter ses livres; car je ne crois pas qu'il en ait vu jusqu'ici. Je suis bien aise qu'un homme comme vous entreprenne mon apologie; mais les livres qu'on a faits contre moi sont si peu connus, qu'en vérité je ne sais s'ils méritent aucune réponse. Oserois-je vous dire que le dessein que vous aviez pris de faire des remarques sur mes ouvrages est bien aussi bon, et que ce seroit le moyen d'en faire une imperceptible apologie qui vaudroit bien une apologie en forme? Je vous laisse pourtant le maître de faire tout ce que vous jugerez à propos. Je sais assez bien donner conseil aux autres sur ce qui les concerne; mais, pour ce qui me regarde, je m'en rapporte toujours aux conseils d'autrui. Les vers latins que vous m'avez envoyés sont très élégants et très particuliers; ils m'ont réconcilié avec les poëtes latins modernes, dont vous savez que je fais une médiocre estime, dans la prévention où je suis qu'on ne sauroit bien écrire que sa propre langue. Vos couplets de chanson me paroissent fort jolis, et il paroît bien que vous parlez votre propre et naturelle langue; car, comme vous savez bien, c'est au François qu'appartient le vaudeville, et c'est dans ce genre-là principalement que notre langue l'emporte sur la grecque et sur la latine. Voilà la quatrième lettre que j'écris ce matin; c'est beaucoup pour un paresseux accablé d'un million d'affaires. Ainsi, trouvez bon que je vous dise tout court que je suis très cordialement, monsieur, etc.

LETTRE LXXVII.

AU MÊME.

Auteuil, 15 août 1699.

Si vous comprenez bien, monsieur, quel embarras c'est à un homme de lettres qui a des livres, des bijoux, et des tableaux, que d'avoir à déménager, vous ne trouverez pas étrange que je sois demeuré si long-temps sans faire réponse à votre dernière lettre. Eh! le moyen de se ressouvenir de son devoir, au milieu d'une foule de maçons, de menuisiers et de crocheteurs, qu'il faut sans cesse gronder, réprimander, instruire, etc.? Il y a tantôt trois semaines que je fais cet importun métier, et je n'en suis pas encore dehors. Ainsi, bien loin de croire que vous ayez raison de vous plaindre, je prétends même que je dois être plaint, et qu'il faut que je vous aime beaucoup pour trouver, comme je fais aujourd'hui, le temps de vous faire mes remerciements sur toutes les douceurs que vous m'écrivez, et sur tous les présents que vous me faites. Vous me direz peut-être que ce discours n'est que l'artifice d'un homme qui a tort, et qui le premier fait un procès aux autres, afin qu'on n'ait pas le temps de lui faire le sien. Peut-être cela est-il véritable. Je vous assure pourtant qu'on ne peut pas être plus touché que je le suis de toutes vos bontés; et que, s'il y a en moi de la paresse, il n'y a assurément point de méconnoissance. D'ailleurs je m'attendois à vous écrire quand j'aurois reçu votre thé, qui n'est point encore venu, non plus que le livre dont vous me parlez dans une autre de vos lettres.

Mais est-ce une promesse ou une menace que vous me faites, quand vous me mandez qu'au premier jour vous m'enverrez le livre de M. Perrachon [1] ?

Dî magni, horribilem et sacrum libellum [2] ?

---

[1] Contre Gacon. — [2] Catulle, à Calvus Licinius, qui avoit choisi LES SATURNALES pour lui envoyer les vers des plus mauvais poëtes du temps. CARM. XIV, v. 12.

Savez-vous que si vous vous y jouez, je cours sur-le-champ chez Coignard ou chez Ribou, et que là, *Cotinos, Peraltos, Pradonos, et omnia colligam venena, atque hoc te munere remunerabo,* de la même manière que Catulle prétendoit récompenser son ami, en lui envoyant *Metios, Suffenos, et Varios?* Voilà, monsieur, de quoi je vous régalerai, au lieu de la copie que je vous ai promise de mon arrêt sur la noblesse. La vérité est pourtant que j'ai donné ordre de la faire, et que vous l'aurez au premier ordinaire, supposé que vous ne m'exposiez pas à la lecture du livre de M. Perrachon.

Je suis bien aise que vous suiviez votre premier dessein sur l'ouvrage que vous méditez. L'apologie met un lecteur sur ses gardes, au lieu que le commentaire lui ôte toute défiance. Votre devise sur ma noblesse [1] et sur mes ouvrages est fort spirituelle, et il ne lui manque que d'être un peu plus vraie. Mais à quoi songez-vous de me proposer d'en faire une pour la ville de Lyon [2]? Ai-je le temps de cela, et de quoi m'aviserois-je d'aller sur le marché d'un

---

[1] « Dopo il fuoco, più bello. » C'est ce qu'on dit de l'or éprouvé au creuset.

[2] Brossette lui avoit demandé une devise pour les jetons que la ville de Lyon faisoit frapper tous les ans.

aussi bon ouvrier que vous? Est-ce à un Béotien d'aller enseigner dans Lacédémone à dire des bons mots? C'est donc, monsieur, de cette proposition que je me plains, et non pas de vos lettres qui ne sauroient jamais que me divertir très agréablement, pourvu que vous me laissiez la liberté, quand je déménage, de tarder quelquefois à y répondre. Je suis avec beaucoup de reconnoissance, etc.

LETTRE LXXVIII.

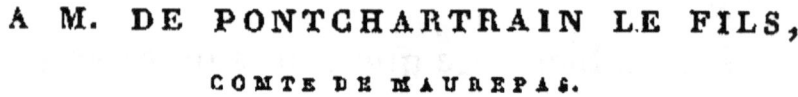

A M. DE PONTCHARTRAIN LE FILS,
COMTE DE MAUREPAS.

Paris.... 1699.

Puisque vous daignez bien prendre quelquefois part à mes afflictions, trouvez bon, monseigneur, que je prenne part à votre joie, et que je ne sois pas des derniers à vous féliciter sur la justice que le roi a rendue au mérite de monseigneur votre père, en le choisissant pour remplir la première dignité de son royaume. Jamais choix n'a été plus applaudi, ni n'a excité une réjouissance plus universelle, surtout parmi les honnêtes gens. Il n'y en a pas un qui ne se trouve gratifié en la personne de monseigneur de Pontchartrain, et qui, par son élévation, ne se croie en quelque sorte lui-même accru de considération et d'estime. Pour moi qui, outre les raisons du bien public, ai encore par rapport à vous des raisons particulières et si sensibles d'être charmé de ce choix, jugez quelle doit être ma satisfaction. Mais, monseigneur, ce nouveau titre de grandeur qui entre dans votre maison, vous laissera-t-il le même que vous avez toujours été? Puis-je espérer de trouver dans le fils d'un chancelier ce même ami tendre et officieux, que je trouvois dans le fils d'un contrôleur-général des finances? Et Auteuil oseroit-il se flatter de vous voir encore chez moi faire de ces repas,

. . . . Sine aulæis et ostro,

que Mécénas faisoit avec le bon Horace [1] ? Pourquoi non ? Vous n'êtes pas moins galant homme que Mécénas, et je ne vous suis pas moins dévoué qu'Horace l'étoit à ce premier ministre d'Auguste. Je m'en vais donc tout préparer pour cela à votre retour de Fontainebleau. Ne craignez point pourtant, monseigneur, que je m'oublie, à quelque familiarité que vous descendiez avec moi. Je me souviendrai toujours avec quel respect je suis et je dois être.....

[1] Liv. III, ode XXIX, v. 15.

LETTRE LXXIX.

LE COMTE DE MAUREPAS A BOILEAU.

Paris.... 1699.

Vous avez grande raison, monsieur, de croire que vous trouverez dans le fils d'un chancelier le même ami que vous avez trouvé dans le fils d'un contrôleur-général[1]; et je puis vous assurer que vous ne me verrez jamais changer de sentiments pour vous. Mais, le croiriez-vous, monsieur? ce n'est point ce génie sublime, cet auteur des satires, que je prise en vous; c'est cette candeur et cette simplicité heureuse que vous avez su joindre à tout l'esprit imaginable, et qui vous fait aimer de vos ennemis mêmes.

Quanquam urat fulgore suo, qui prægravat artes
Infra se positas [2]..........

[1] Avant d'être chancelier, M. de Pontchartrain le père étoit contrôleur-général des finances depuis 1689, et secrétaire d'état de la marine depuis 1690. Il eut pour successeur M. de Chamillard dans la première place; et son fils le remplaça dans la seconde, dont il avoit la survivance. — [2] HORACE, épît. 1, v. 13, liv. II.

Je reçois avec beaucoup de sensibilité le compliment que vous me faites sur la nouvelle dignité de mon père, et j'attends avec impatience le moment fortuné où je pourrai me dérober pour aller à Auteuil,

Fastidiosam deserens copiam, etc.[1].

Je suis tout à vous du meilleur de mon cœur.
PONTCHARTRAIN.

LETTRE LXXX.

A M. DE LA CHAPELLE.

Paris, 9 novembre 1699.

Je crois, monsieur mon cher neveu, que je ne ferai plus que solliciter monseigneur de Pontchartrain et vous. Voici encore un placet que je vous envoie, et que je vous prie de lui présenter de ma part; et bien qu'il vienne le dernier, j'ose vous prier de l'appuyer encore plus fortement que l'autre, parceque j'y prends encore plus d'intérêt, et qu'il

---

[1] HORACE, od. XXIX, v. 9, liv. III.

s'agit d'obliger un de mes meilleurs amis. Que si monseigneur de Pontchartrain vient à rire, comme il en aura raison sans doute, de ce que je prends ainsi les gens de marine sous ma protection, je vous supplie de lui dire que, m'étant fait un si grand nombre d'ennemis sur la terre, il ne doit pas trouver étrange que je songe à me faire des amis sur la mer, sur-tout puisqu'elle est de son département. Recevez bien celui qui vous présentera ce billet, qui a peut-être une meilleure recommandation que la mienne auprès de vous, puisqu'il vous porte une lettre de M. de Bâville[1]. Je suis, monsieur mon neveu.....

LETTRE LXXXI.

A BROSSETTE.

Paris, 10 novembre 1699.

Je suis fort honteux, monsieur, d'avoir été si long-temps à vous remercier de vos magnifiques

---

[1] Lamoignon de Bâville, intendant de Languedoc, fils du premier président.

présents, et à répondre à vos lettres, plus agréables encore pour moi que vos présents; mais, si vous saviez le prodigieux accablement d'affaires que m'a laissé la mort de M. Racine, vous me pardonneriez sans peine, et vous verriez bien que je n'ai presque point de temps à donner à mon plaisir, c'est-à-dire à vous entretenir et à vous écrire. J'ai lu votre préface du livre des *Conférences*, et elle me semble très bien, à quelque manière de parler près, que je vous y marquerai à mon premier loisir.

Vous m'avez fait un fort grand plaisir en m'envoyant le Télémaque de M. de Cambrai. Je l'avois pourtant déjà lu. Il y a de l'agrément dans ce livre, et une imitation de l'Odyssée que j'approuve fort. L'avidité avec laquelle on le lit fait bien voir que, si on traduisoit Homère en beaux mots, *il feroit l'effet qu'il doit faire, et qu'il a toujours fait.* Je souhaiterois que M. de Cambrai eût rendu son Mentor un peu moins prédicateur, et que la morale fût répandue dans son ouvrage un peu plus imperceptiblement et avec plus d'art. Homère est plus instructif que lui; mais ses instructions ne paroissent point préceptes, et résultent de l'action du roman, plutôt que des discours qu'on y étale. Ulysse, par ce qu'il fait, nous enseigne mieux ce qu'il faut faire, que par tout ce que lui ni Minerve disent. La vérité est pourtant que le Mentor du Télémaque dit de fort bonnes choses, quoiqu'un peu hardies, et qu'enfin M. de Cambrai me paroît beaucoup meilleur poëte que théologien. De sorte que si, par son livre des *Maximes*, il me semble très peu comparable à saint Augustin, je le trouve, par son roman, digne d'être mis en parallèle avec Héliodore[1]. Je doute néanmoins qu'il fût d'humeur, comme ce dernier, à quitter sa mitre pour son roman. Aussi, vraisemblablement, le revenu de l'évêque Héliodore n'approchoit guère du revenu de l'archevêque de Cambrai. Mais, monsieur, il me semble que, pour un paresseux aussi affairé que je suis, je vous entretiens là de choses assez peu nécessaires. Trouvez bon que je ne vous en dise pas davantage, et pardonnez-moi les ratures que je fais à chaque bout de champ dans mes lettres, qui m'embarrasseroient fort, s'il falloit que je les récrivisse. Je suis sincèrement, etc.

[1] Évêque de Tricca en Thessalie, et auteur des Éthiopiques ou les Amours de Théagène et de Chariclée.

LETTRE LXXXII.

A M. DE LA CHAPELLE.

Paris, 3 janvier 1700.

Je vous ai bien de l'obligation, mon très cher neveu, de votre souvenir et de l'agréable flatterie que vous m'avez écrite au commencement de l'année. On ne peut pas plus agréablement louer un oncle, que de lui dire que *l'on le* regarde comme une espèce de père; car il n'y a ordinairement rien de moins père qu'un oncle. Vous n'ignorez pas ce que veut dire en latin : *Ne sis patruus mihi, et patruus patruissimus.* Vous avez grande raison de ne me point mettre au rang de ces oncles trop oncles, et je n'ai pour vous que des sentiments qui tirent droit au paternel. Je suis bien aise de la bonne opinion que M. Le Baron [1] a de moi; et j'ai trouvé son compliment à M. le comte d'Ayen [2] très joli et très spi-

---

[1] Le célèbre comédien Baron. Boileau affecte de l'appeler ici *le Baron*, par allusion sans doute à l'importance risible qu'il se donnoit dans le monde.

[2] Depuis le maréchal duc de Noailles.

rituel. Il est dans le goût des compliments de Molière; c'est-à-dire que la satire y est adroitement mêlée à la flatterie, afin que l'une fasse passer l'autre. J'y ai trouvé seulement un peu à dire qu'il y mette les sots poëtes si proche d'Apollon. La racaille poétique, dont il parle, est logée au pied et dans les marais du mont *Parnassien*, où elle rampe avec les grenouilles et avec l'abbé de Pure; et Apollon est logé tout au haut avec les Muses et avec Corneille, Racine, Molière, etc. Jamais méchant auteur n'y arriva, et quand quelqu'un en veut approcher, *musæ furcillis præcipitem ejiciunt*. Adieu, mon très cher neveu; témoignez bien à M. Le Baron que je fais de lui le cas que je dois, et croyez que je suis cette année, encore plus que les précédentes, entièrement à vous...

LETTRE LXXXIII.

A BROSSETTE.

Paris, 5 février 1700.

Il est arrivé, monsieur, ce que vous avez prévu, et vos présents sont arrivés deux jours devant vos lettres. Cela a causé quelque petite méprise, mais cela n'a pourtant fait aucun mal, et chacun a reçu ce qui lui appartenoit. M. de Lamoignon m'a écrit une lettre pour me prier de vous faire ses remerciements, et M. Dongois et M. Gilbert [1] m'ont assuré qu'ils vous feroient au premier jour le leur. Je ne sais si cela pourra un peu distraire la juste affliction où vous êtes. Je la conçois telle qu'elle doit être, quoique je n'en aie jamais éprouvé une pareille; ma mère, comme mes vers vous l'ont vraisemblablement appris, étant morte que je n'étois encore qu'au berceau. Tout ce que j'ai à vous conseiller, c'est de vous rassasier de larmes. Je ne saurois approuver cette orgueilleuse indolence des stoïciens qui rejettent follement ces secours innocents que la nature envoie aux affligés, je veux dire les cris et les pleurs. Ne point pleurer d'*une* mère, ne s'appelle pas de la fermeté et du courage, cela s'appelle de la dureté et de la barbarie. Il y a bien de la différence entre se désespérer et se plaindre. Le désespoir brave et accuse Dieu; mais la plainte lui demande des consolations. Voilà, monsieur, de quelle manière je vous exhorte à vous affliger, c'est-à-dire en vous consolant, et en ne prétendant pas que Dieu fasse pour vous une loi particulière

---

[1] M. Gilbert, président aux enquêtes, avoit épousé mademoiselle Dongois, petite-nièce de Boileau.

qui vous exempte de la nécessité à laquelle il a condamné tous les enfants, qui est de voir mourir leurs pères et mères. Cependant soyez bien persuadé que je vous estime infiniment, et que si je ne vous écris pas aussi souvent que je devrois, ce n'est pas manque de reconnoissance ; mais manque de cet esprit de vigilance et d'exactitude que Dieu donne rarement aux poëtes, sur-tout lorsqu'ils sont historiographes. Je suis avec beaucoup de respect et de sincérité...

LETTRE LXXXIV.

BROSSETTE A BOILEAU.

Lyon, 6 mars 1700.

Monsieur,

Votre dernière lettre a suivi de si près celle que j'avois eu l'honneur de vous écrire, que vous avez tort, ce me semble, de vous reprocher votre peu d'exactitude. Quand vous dites que si vous n'écrivez pas souvent, c'est manque de cet esprit de vigilance et d'exactitude que Dieu accorde rarement aux poëtes, sur-tout quand ils sont historiographes, c'est rejeter la cause de votre paresse sur votre tempérament et sur vos occupations glorieuses. Néanmoins, vous avez passé par-dessus ces raisons en ma faveur; et, pour cela seul, je vous devrois des remerciements très sincères, quand votre lettre ne seroit pas d'ailleurs aussi belle et aussi obligeante et aussi touchante qu'elle l'est. Je vous assure que je n'ai point trouvé d'adoucissement si efficace à la douleur que me cause la mort de ma mère.

M. de Lamoignon ne s'est pas contenté des remerciements que vous m'avez faits de sa part: il a pris la peine de m'écrire lui-même, aussi bien que M. Dongois et M. Gilbert.

Il y a quelque temps que j'eus occasion de voir en cette ville M. de Bonnecorse de Marseille. Je lui parlai de son *Lutrigot*, et il ne me put dire que de fort mauvaises raisons pour justifier la conduite qu'il a tenue à votre égard. Il me dit, entre autres choses, qu'étant à Paris, il pria M. Bernier, qu'il m'a cité comme votre ami, et qui a fait l'abrégé de Gassendi, d'apprendre de vous-même quel sujet vous avoit obligé de mettre dans vos satires *la Montre*, qui est un ouvrage de Bonnecorse; et que, suivant le rapport que lui fit M. Bernier, vous aviez répondu, pour toute raison, que vous aviez été bien modéré de ne dire de *la Montre* que ce que vous en aviez dit. Bonnecorse me parut être encore sensible à la fierté de cette réponse, qui étoit en effet plus piquante que ce que vous aviez dit de cet ouvrage.

Je finirois ici ma lettre, si je ne voulois vous prier de me donner l'éclaircissement d'un fait qui est rapporté par M. Boursault, dans une de ses lettres. Il dit qu'un abbé, s'entretenant un jour avec vous, se déclara hautement contre la pluralité des bénéfices, et protesta que, s'il pouvoit obtenir une abbaye, ne fût-elle que de mille écus, elle fixeroit son ambition, sans qu'aucun autre bénéfice pût jamais le tenter. Cependant il obtint une abbaye de sept mille livres, et quelque temps après plusieurs autres bénéfices successivement; sur quoi vous dîtes un jour à cet abbé: « Qu'est « devenu ce temps de candeur et d'innocence, « M. l'abbé, où vous trouviez la multiplicité des « bénéfices si dangereuse? — Ah! monsieur, vous « répondit-il, si vous saviez que cela est bon pour « vivre!—Je ne doute point, lui répliquâtes-vous, « que cela ne soit bon pour vivre; mais pour mou- « rir, M. l'abbé, pour mourir! » Je voudrois bien savoir la vérité de ce fait et le nom de cet abbé, dans l'envie que j'ai de ne rien ignorer de tout ce qui vous regarde, supposé néanmoins que vous n'ayez aucune raison pour me le cacher.

Quelque résolution que je prenne de ne vous

pas faire de si longues lettres, je l'oublie toujours, quand j'ai la plume à la main. Je vous en demande pardon; mais c'est mon cœur qui m'entraîne vers vous, et qui me fait abandonner au plaisir de vous entretenir. L'on ne peut rien ajouter à la tendre et parfaite soumission avec laquelle je suis...

LETTRE LXXXV.

A BROSSETTE.

1er avril 1700.

C'est une chose très dangereuse, monsieur, d'être aussi facile que vous l'êtes à pardonner à vos amis leurs fautes. Cela leur en fait encore faire de nouvelles, et ce sont les louanges que vous avez données à ma négligence, dans votre dernière lettre, qui m'ont rendu encore plus négligent à vous faire réponse. Je vous assure pourtant que cela ne vient point en moi de manque d'amitié ni de reconnoissance; mais je suis paresseux. Tel j'ai vécu, et tel je mourrai; mais je n'en mourrai pas moins votre ami.

Ainsi, laissant là toutes les excuses bonnes ou

mauvaises que je pourrois vous faire, je vous dirai que je n'ai aucun *mal-talent* contre M. de Bonnecorse du beau poëme qu'il a imaginé contre moi. Il semble qu'il ait pris à tâche, dans ce poëme, d'attaquer tous les traits les plus vifs de mes ouvrages; et le plaisant de l'affaire est que, sans montrer en quoi ces traits péchent, il se figure qu'il suffit de les rapporter pour en dégoûter les hommes. Il m'accuse sur-tout d'avoir, dans le Lutrin, exagéré en grands mots de petites choses pour les rendre ridicules; et il fait lui-même, pour me rendre ridicule, la chose dont il m'accuse. Il ne voit pas que, par une conséquence infaillible, si le Lutrin est une impertinente imagination, le Lutrigot est encore plus impertinent; puisque ce n'est que la même chose plus mal exécutée. Du reste, on ne sauroit m'élever plus haut qu'il ne le fait, puisqu'il me donne pour suivants et pour admirateurs passionnés les deux plus beaux esprits de notre siécle, je veux dire M. Racine et M. Chapelle[1]. Il n'a pas trop bien profité de la lecture de

---

[1] Boileau disoit de Chapelle qu'il avoit certainement beaucoup de feu, et bien du goût, tant pour écrire que pour juger; mais qu'à son VOYAGE près, qu'il estimoit une piéce excellente, rien de Chapelle n'avoit frappé les véritables connoisseurs. (BOLÆANA, n. LXXIII.) C'étoit dicter d'avance le jugement de la postérité.

ma première préface, et de l'avis que j'y donne aux auteurs attaqués dans mon livre, d'attendre, pour écrire contre moi, que leur colère soit passée. S'il avoit laissé passer la sienne, il auroit vu que de traiter de haut en bas un auteur approuvé du public, c'est traiter de haut en bas le public même; et que me mettre à califourchon sur le Lutrin, c'est y mettre tout ce qu'il y a de gens sensés; et M. Brossette lui-même, qui me fait l'honneur

Meas esse aliquid putare nugas [1].

Je ne me souviens point d'avoir jamais parlé de M. de Bonnecorse à M. Bernier, et je ne connoissois point le nom de Bonnecorse, quand j'ai parlé de la MONTRE dans mon épître à M. de Seignelai. Je puis dire même que je ne connoissois point la MONTRE D'AMOUR, que j'avois seulement entrevue chez M. Barbin, et dont le titre m'avoit paru très frivole, aussi bien que ceux de quantité d'autres ouvrages de galanterie moderne, dont je ne lis jamais que le premier feuillet.

Mais voilà, monsieur, assez parlé de M. de Bonnecorse; venons à M. Boursault, qui est, à mon

[1] Catulle à Cornélius Népos, en lui dédiant le recueil de ses poésies. CARM., I, v. 4.

sens, de tous les auteurs que j'ai critiqués, celui qui a le plus de mérite. Le livre où il rapporte de moi le mot *dont* est question, ne m'est point encore tombé entre les mains; la vérité est que j'ai en effet dit ce mot autrefois, et que c'est *à* M. l'abbé Dangeau [1] *à qui* je l'ai dit à Saint-Germain. Il en fut un peu confus; mais il n'en garda pas moins ses bénéfices, et je crois que même aujourd'hui il en accepteroit volontiers encore d'autres, au hasard de mourir moins content qu'il n'auroit vécu. J'ai fait vos compliments à tous ces messieurs que vous avez honorés de vos présents, et ils m'ont paru aussi satisfaits de vos honnêtetés que de votre recueil, dont ils font pourtant beaucoup d'estime. Je suis très sincèrement...

[1] Louis de Courcillon de Dangeau, de l'académie françoise, né en 1643, mort en 1723, frère de celui à qui la satire V est adressée. Son mérite personnel, et le nom qu'il s'étoit fait parmi les gens de lettres, et comme leur ami, et comme leur défenseur, lui ouvrirent les portes de l'académie françoise.

LETTRE LXXXVI.

AU MÊME.

Auteuil, le 2 juin 1700.

Vous excusez, monsieur, si aisément mes fautes, que je ne crains presque plus de faillir, et que je ne me crois pas même obligé de vous faire des excuses d'avoir été si long-temps sans me donner l'honneur de vous écrire. J'en aurois pourtant d'assez bonnes à vous alléguer, puisqu'il est certain que j'ai été malade assez long-temps, et que j'ai eu plusieurs affaires plus *occupantes* même que la maladie.

Enfin m'en voilà sorti, et je puis vous parler. Je vous dirai donc, monsieur, que j'ai reçu votre dernier présent avant votre dernière lettre, et que j'avois même lu votre livre avant que de l'avoir reçue. J'ai été pleinement convaincu de la noblesse de messieurs les avocats de Lyon par les preuves qui y sont très bien énoncées, et encore plus par la noblesse du cœur que je remarque en vos actions, et en vos libéralités qui sont sans fin.

Je suis ravi de l'académie qui se forme en votre ville. Elle n'aura pas grand'peine à surpasser en mérite celle de Paris, qui n'est maintenant composée, à deux ou trois hommes près, que de gens du plus vulgaire mérite, et qui ne sont grands que dans leur propre imagination. C'est tout dire qu'on y opine du bonnet contre Homère et Virgile, et sur-tout contre le bon sens, comme contre un ancien, beaucoup plus ancien qu'Homère et Virgile. Ces messieurs y examinent présentement l'*Aristippe* de Balzac; et tout cet examen se réduit à lui faire quelques misérables critiques sur la langue, qui est juste l'endroit par où cet auteur ne pèche point. Du reste, il n'y est parlé ni de ses bonnes ni de ses méchantes qualités. Ainsi, monsieur, si dans la vôtre il y a plusieurs gens de votre force, je suis persuadé que dans peu ce sera à l'académie de Lyon qu'on appellera des jugements de l'académie de Paris. Pardonnez-moi ce petit trait de satire, et croyez que c'est de la manière du monde la plus sincère que je suis...

LETTRE LXXXVII.

AU MÊME.

Paris, 3 juillet 1700.

Je sais bien, monsieur, que ma lettre devroit commencer à l'ordinaire par des excuses de ce que j'ai été si long-temps à vous écrire ; mais depuis que nous sommes en commerce ensemble, vous m'avez si bien accoutumé à recevoir le pardon de mes négligences, que je crois même pouvoir aujourd'hui impunément négliger de vous le demander. Ainsi, laissant là tous les compliments, je vous dirai donc, avec la même confiance que si j'avois répondu sur-le-champ à votre dernière lettre, qu'on ne peut pas vous être plus obligé que je ne le suis de toutes vos bontés, et du soin que vous voulez bien prendre de m'enrichir, en m'admettant dans votre loterie ; mais qu'ayant mis à plus de cent loteries depuis que je me connois, et n'ayant jamais eu aucun billet approchant du noir, je ne suis plus d'humeur à acheter de petits morceaux de papier blanc un louis d'or la piéce. Ce n'est pas que je me défie de la fidélité de messieurs les directeurs de l'hôpital de votre illustre ville, qui sont tous, à ce qu'on m'a dit, des gens de la trempe d'Aristide et de Phocion; mais je me défie fort de la fortune, qui ne m'a pas jusqu'ici paru trop bien intentionnée pour les gens de lettres, et à qui je demande maintenant, non pas qu'elle me donne, mais qu'elle ne m'ôte rien.

Croiriez-vous, monsieur, que vous ne m'avez pas fait plaisir en me mandant le pitoyable état où est à cette heure votre pauvre gentilhomme à la Tour antique[1]? Après tout, quoique méchant auteur, c'est un fort bon homme, et qui n'a jamais fait de mal à personne, non pas même à ceux contre lesquels il a écrit.

Vous ne m'avez, ce me semble, rien dit dans votre dernière lettre de votre nouvelle académie. En quel état est-elle? Celle de Paris a enfin abandonné l'examen de l'Aristippe de Balzac, comme ne jugeant pas Balzac digne d'être examiné par une compagnie comme elle. Voilà une furieuse ignominie pour un auteur qui a été, il n'y a pas quarante ans, les délices de la France. A mon avis, pourtant, il n'est pas si méprisable que cette compagnie se l'imagine; et elle auroit peut-être de la

[1] Perrachon.

peine à trouver, à l'heure qu'il est, des gens dans son assemblée qui le vaillent : car quoique ses beautés soient vicieuses, ce sont néanmoins des beautés ; au lieu que la plupart des auteurs de ce temps pèchent moins pour avoir des défauts, que par n'avoir rien de bon. Mandez-moi ce que pense votre académie là-dessus. Excusez mes *pataraffes* et mes ratures, et croyez que je suis très véritablement...

M. Chanut[1], avec qui j'ai dîné aujourd'hui chez moi, et bu à votre santé, me charge de vous faire ici ses recommandations. Ne vous lassez point d'être aussi diligent que je suis paresseux, et croyez que vos lettres me feront un très grand plaisir.

LETTRE LXXXVIII.
AU MÊME.

Auteuil, 12 juillet 1700.

Je vous écris d'Auteuil, où je suis résidant à l'heure qu'il est ; ainsi je ne puis pas revoir votre

---

[1] Avocat, chargé à Paris des affaires de la ville de Lyon.

précédente lettre que j'ai laissée à Paris, et je ne me ressouviens pas trop bien de ce que vous me demandiez sur l'*Historia flagellantium*[1]. Je ne tarderai pas à y aller, et aussitôt je m'acquitterai de ce que vous souhaitez.

Pour ce qui est de la loterie, je vous ai fait réponse par la lettre que vous devez avoir reçue de moi, et vous y ai marqué le peu d'inclination que j'ai maintenant à donner rien au hasard de la fortune, qui, à mon avis, n'a déjà que trop de puissance sur nous, sans que nous allions encore lui donner de nouveaux avantages en lui portant notre argent. Si vous jugez néanmoins qu'on souhaite fort à Lyon que je mette à cette loterie, je suis trop obligé à votre ville, pour lui refuser cette satisfaction; et vous pourrez y mettre quatre ou cinq pistoles pour moi, que je vous rendrai par la première voie que vous me marquerez. Je les regarderai comme données à Dieu et à l'hôpital.

Je voudrois bien pouvoir trouver de nouveaux termes pour vous remercier du nouveau présent que vous m'avez fait; mais vous m'en avez déja fait tant d'autres, que je ne sais plus comment varier la phrase.

Il paroît ici une traduction en vers du premier

---

[1] Ouvrage de l'abbé Boileau, frère de Despréaux.

livre de l'Iliade d'Homère, qui, je crois, va donner cause gagnée à M. Perrault.

Di magni, horribilem et sacrum libellum[1] !

Je crois qu'en la mettant dans les seaux pour rafraîchir le vin, elle pourra suppléer au manque de glace qu'il y a cette année. En voilà le troisième et le quatrième vers; c'est au sujet de la colère d'Achille :

Et qui, funeste aux Grecs, fit périr par le fer
Tant de héros. Ainsi l'a voulu Jupiter.

Ne voilà-t-il pas Homère un joli garçon? Cette traduction est cependant de M. l'abbé Regnier-Desmarais, de l'académie françoise, qui la donne au public, dit-il, pour faire voir Homère dans toute sa force[2]. Avant que de l'imprimer il me l'apporta manuscrite pour l'examiner, et il m'en lut quelques vers. Comme je les trouvai extrêmement plats, je lui dis qu'il n'avoit point rendu ce feu et ce sublime qu'Homère respiroit par-tout, et que j'avois tâché

---

[1] CATULLE, Carm., XIV, v. 12.
[2] Tout ce qui suit, jusqu'à la fin de l'alinéa, manque dans les éditions de Despréaux. Nous l'avons extrait des RÉCRÉATIONS LITTÉRAIRES, par M. C. R. (Cizeron-Rival), 1765, p. 189.

d'exprimer dans tous les passages que j'ai traduits d'Homère. Je lui citai pour exemple ces vers qui sont cités par Longin :

> L'enfer s'émeut au bruit de Neptune en furie ;
> Pluton sort de son trône, il pâlit, il s'écrie, etc.

M. l'abbé Regnier me dit alors qu'il n'y avoit point de page dans sa traduction d'Homère, qui ne contînt plusieurs vers de la même force et de la même élévation que ceux-là, et qu'il me prioit de corriger le reste. « Ah ! monsieur, lui répondis-je, après « cela je n'ai plus rien à vous dire. Corriger de pa- « reils vers ! cela ne se peut corriger qu'avec la « bouteille à l'encre, etc. »

On me vient querir pour aller à un rendez-vous que j'ai donné. Ainsi vous trouverez bon que je me hâte de vous dire qu'on ne peut pas être plus que je le suis.....

LETTRE LXXXIX.

AU MÊME.

Paris, 29 juillet 1700.

Vous permettrez, monsieur, qu'à mon ordinaire j'abuse de votre bonté, et que je me contente de répondre en Lacédémonien à vos longues, mais pourtant très courtes et très agréables lettres. Je suis bien aise que vous m'ayez associé à votre charitable et pécunieuse loterie; mais vous me ferez plaisir d'envoyer quérir au plus tôt les cinq pistoles que vous y avez mises en mon nom, parcequ'au moment que je les aurai payées, j'oublierai même que je les ai eues dans ma bourse, et je dirai avec Catulle :

Et quod vides periisse, perditum ducas [1];

si l'on peut appeler perdu ce que l'on donne à Dieu.

Je suis charmé du récit que vous me faites de votre assemblée académique, et j'attends avec

---

[1] CATULLE, Carm., VIII, v. 2.

grande impatience le poëme sur la Musique[1], qui ne sauroit être merveilleux, s'il est de la force des deux que j'ai déjà lus[2]. Faites bien mes complimens à tous vos illustres confrères, et dites-leur que c'est à des lecteurs comme eux que j'offre mes écrits,

. . . . Doliturus, si placeant spe
Deterius nostra[3]. . . . .

On travaille actuellement à une nouvelle édition de mes ouvrages ; je ne manquerai pas de vous l'envoyer sitôt qu'elle sera faite. Adieu, mon cher monsieur ; pardonnez mon laconisme à la multitude d'affaires dont je suis chargé, et croyez que c'est du meilleur de mon cœur que je suis....

[1] Ce poëme latin du père Fellon n'a pas été publié; mais le recueil déjà cité (Poemata didascalica) en renferme un sur le même sujet, par le P. Lefebvre, tome I, p. 230.

[2] Sur l'Aimant et sur le Café.

[3] Horace, liv. I, sat. x, v. 89.

LETTRE XC.

AU MÊME.

Paris, 8 septembre 1700.

Je souhaiterois que ce fût par oubli que vous eussiez tardé à me répondre, parceque votre négligence seroit une autorité pour la mienne, et que je pourrois vous dire : *Tu igitur unus es ex nostris.* J'ai reçu vos quatre billets de loterie. Vous m'avez fait grand plaisir d'associer mon nom avec le vôtre, et il me semble que c'est déja un commencement de fortune qui vaut mon argent. On ne peut être plus touché que je le suis des bontés qu'on a pour moi dans votre illustre ville. Témoignez bien à vos messieurs la reconnoissance que j'en ai, et assurez-les que, bien qu'il n'y ait pas peut-être d'homme en France si Parisien que moi, je me regarde néanmoins comme un habitant de Lyon, et par la pension que j'y touche, et par les honnêtetés que j'en reçois.

L'édition dont vous me parlez dans votre lettre est déja commencée, et j'en ai revu ce matin la sixième feuille. Toutes choses y seront dans l'ordre que vous souhaitez. L'édition en grand sera magnifique, et on fait présentement trois nouvelles planches pour mettre au Lutrin dans la petite, où il y aura désormais une estampe à chaque chant. Le *Faux Honneur* y fera la onzième satire, et j'espère qu'elle ne vous paroîtra pas plus mauvaise, que lorsque je vous en récitai les premiers vers. J'y parle de mon procès sur la noblesse d'une manière assez noble, et qui pourtant ne donnera aucune occasion de m'accuser d'orgueil. Pour les autres ouvrages que j'ajouterai, je ne puis vous en rendre compte présentement, parceque je ne le sais pas encore trop bien moi-même.

Vos remarques sur l'Iliade de M. l'abbé Regnier sont merveilleuses ; et on ne peut pas avoir mieux conçu que vous avez fait toute la platitude de son style. Est-il possible qu'il ait pu ne point s'affadir lui-même en faisant une si fade traduction ? Oh ! que voilà Homère en bonnes mains ! Les vers que vous m'en avez transcrits[1] m'ont fait ressouvenir

---

[1] Dans sa lettre du 1ᵉʳ septembre. Les voici :

> L'arc et la trousse au dos, son mouvement rapide
> Fait craqueter les traits dans sa trousse homicide.
> . . . .
> Consultons un devin, un prêtre, un interprète
> Des songes. Car souvent. . . . .

de ces deux vers de M. Perrin, qui commence ainsi sa traduction du second livre de l'Énéide : pour rendre :

« Conticuêre omnes, intentique ora tenebant : »
Chacun se tut alors, et l'esprit rappelé
Tenoit la bouche close et le regard collé.

Voilà, si je ne me trompe, le modéle sur lequel s'est formé M. l'abbé Regnier, aussi bien que sur ces deux vers de la Pucelle :

O grand cœur de Dunois, le plus grand de la terre,
Grand cœur, qui dans lui seul deux grands amours enserre.

Je suis bien fâché de la mort de M. Perrachon; mais je ne saurois lui faire d'autre épitaphe que ces quatre vers de Gombauld :

Colas est mort de maladie,
. . . .
Car je ne prétends pas de nos travaux soufferts
Seul n'avoir aucun prix; et le mien je le perds.
. . . .
Par ses beaux cheveux blonds, la déesse guerrière,
Visible pour lui seul, le saisit par derrière.
. . . .
Il faudroit que je fusse, interrompit Achille,
Bien indigne, bien lâche et d'une ame bien vile,
Pour te céder. Commande aux autres à ton gré;
A moi, non : car jamais je ne t'obéirai. . . . . . .

Tu veux que je plaigne son sort ;
Que diable veux-tu que j'en die ?
Colas vivoit, Colas est mort.

Adieu, monsieur, aimez-moi toujours, et croyez que je suis parfaitement....

LETTRE XCI.

BROSSETTE A BOILEAU.

Lyon, 20 septembre 1700.

Monsieur,

L'attention obligeante avec laquelle vous avez la bonté de m'écrire depuis quelque temps, commence à me faire perdre tout le mérite de mon exactitude. Vous ne voulez rien me devoir en cette rencontre ; et quoique vous ayez déja tant d'autres avantages sur moi, vous m'enviez encore celui d'être plus diligent que vous. Ne vous embarrassez point de me faire tenir l'argent que j'ai mis pour vous à notre loterie, parceque je compte beaucoup sur votre bonheur ; et j'espère que nous y ferons fortune. En ce cas-là, ce sera moi qui vous enverrai de l'argent.

Nous attendons avec impatience l'édition de vos ouvrages, avec les pièces nouvelles que vous y ajouterez. Je m'en fais une grande idée sur l'ordre que vous y mettez, et sur les ornements de gravure dont vous la faites embellir. Puisque vous y faites graver des planches nouvelles, je voudrois bien que vous fissiez changer le dessin de celle qui est au Traité du Sublime, dans laquelle il me paroît que la figure de l'orateur (c'est sans doute Périclès) qui déclame devant tout ce peuple, n'a pas un air assez grand ni assez majestueux pour donner une belle idée de cette éloquence sublime et victorieuse. La vivacité de cet orateur est très bien marquée par la foudre dont il est armé ; mais il faudroit, ce me semble, que ce feu parût un peu plus dans la disposition, dans l'attitude et dans les avantages qu'on devroit lui donner sur les personnes qui l'écoutent attentivement. L'effet surprenant de son discours doit aussi être exprimé sur le visage et dans le maintien des auditeurs. Enfin il me paroît en général qu'il n'y a pas assez de feu, ni assez de vie, s'il est permis de parler ainsi, dans le dessin de cette estampe, non plus que dans la plupart des autres qui sont dans votre livre. J'en excepte pourtant les trois planches du Lutrin, et sur-tout celle du troisième chant, qui est mieux exécutée que les autres. Voilà mes réflexions, monsieur, et c'est à vous à les rectifier. Je ne saurois assez vous exprimer l'empressement que cette édition excite parmi ceux de nos citoyens qui ont du goût et de la délicatesse.

On se divertit ici de la traduction de l'Iliade par M. Regnier. Je ne mets aucune différence entre cette traduction et la Pucelle de Chapelain. Outre les deux vers que vous m'avez cités de ce dernier poëme, avez-vous remarqué ceux-ci, qui sont au milieu du cinquième livre ?

> Du sourcilleux château la ceinture terrible
> Borde un roc escarpé, hautain, inaccessible,
> Où mène un endroit seul ; et de ce seul endroit
> Droite et roide est la côte, et le sentier étroit.

Dites-moi, je vous prie, monsieur, si ce ne sont pas ces quatre vers qui ont servi de modèle pour faire ceux-ci, qui sont si fameux ?

> Droits et roides rochers, dont peu tendre est la cime,
> De mon flamboyant cœur l'âpre état vous savez ;
> Savez aussi, durs bois, par les hivers lavés,
> Qu'holocauste est mon cœur pour un front magnanime.

Après une si belle et si naturelle imitation, je n'oserois vous parler des vers de l'abbé Perrin, qui, pour tourner *procumbit humi bos*[1], dit brus-

---

[1] VIRGILE, Énéide, V, v. 482.

quement : *et tombe à bas le bœuf;* mais tous ces gens-là n'étoient que des apprentis en comparaison de l'auteur du poëme que je vous envoie avec cette lettre. Il n'y a pas à choisir dans le poëme de LA MAGDELEINE[1]; tout y est égal; c'est un original incomparable. Je souhaiterois que vous ne l'eussiez pas encore vu, afin qu'il eût pour vous le charme de la nouveauté, outre celui du ridicule; c'est du vrai burlesque sérieux. En parcourant ce livre, avant que de vous l'envoyer, *dupliciter delectatus sum,* comme dit Cicéron, *et quòd ipse risi, et quòd intellexi te jam posse ridere*[2].

Aimez-moi toujours un peu, je vous prie, et croyez que j'ai pour vous la tendresse la plus respectueuse. Je suis, etc.

---

[1] LA MAGDELEINE AU DÉSERT DE LA SAINTE-BAUME, EN PROVENCE, poëme spirituel et chrétien; par le père Pierre de Saint-Louis, religieux carme.

[2] Épître xx, livre IX, à Papirius Petus.

LETTRE XCII.

A BROSSETTE.

Paris, 6 décembre 1700.

Je suis ressuscité, monsieur, mais je ne suis pas guéri; et il m'est resté une petite toux qui ne me promet rien de bon. La vérité est pourtant que je ne laisse pas de me remettre, et que ce n'est pas tant la maladie qui m'a empêché de répondre sur-le-champ à vos deux lettres, que l'occupation que me donnent les deux éditions qu'on fait tout à-la-fois en grand et en petit de mes ouvrages, et qui seront achevées, je crois, avant le carême. J'ai envoyé sur-le-champ votre lettre cachetée à M. de Lamoignon; mais en la cachetant, je n'ai pas songé que vous me priez de la lire, et je ne l'ai en effet point lue : ainsi je ne puis pas vous donner conseil sur votre préface. Cela est fort ridicule à moi; mais il faut que vous excusiez tout d'un poëte convalescent et employé à faire réimprimer ses poésies. Du reste, vous verrez mon exactitude par la prompte réponse qu'il vous a faite, et que vous trouverez dans le même paquet que celui de ma lettre.

Je ne suis pas fort en peine du temps où se tirera votre loterie, et je ne suis pas assez fou pour me persuader qu'en quatre coups j'amènerai rafle de six. Ce qui m'embarrasse, c'est comment je vous ferai tenir les quatre pistoles que je vous dois, et que j'aurois bien voulu vous donner avant que la loterie fût tirée, c'est-à-dire avant que je les eusse perdues; faites-moi donc la faveur de me mander ce qu'il faut faire pour cela. Adieu, monsieur. Trouvez bon que, pour profiter de vos bons conseils grecs et françois, je ne m'engage point dans une plus longue lettre, et que je me contente de vous dire très laconiquement et très sincèrement que je suis...

LETTRE XCIII.

A BROSSETTE.

Paris, 18 janvier 1701.

Un nombre infini de chagrins, des restes de maladies, beaucoup d'affaires et ma nouvelle édition sont cause que j'ai tardé si long-temps à faire

ponse à votre dernière lettre. Je vous assure
[p]ourtant, monsieur, que ce n'est pas faute de l'a-
[vo]ir lue avec beaucoup de plaisir. J'admire la soli-
[di]té que vous jetez dans vos conférences académi-
[qu]es, et je vois bien qu'il s'y agit d'autre chose que
[de] savoir s'il faut dire : *Il a extrêmement d'esprit,*
[ou] *il a extrêmement de l'esprit.* Il n'y a rien de plus
[jo]li que votre remarque sur le dieu Cneph; et je
[ne] saurois assez vous remercier de cette autorité
[qu]e vous me donnez pour la métamorphose de la
[pl]ume du roi en astre.

Je me doute bien que votre loterie est tirée à
[l'h]eure qu'il est, et je ne doute point qu'elle n'ait
[ét]é pour moi la même que toutes celles où j'ai mis
[ju]squ'à cette heure, c'est-à-dire très dénuée de
[bo]ns billets, dont je ne me souviens point d'avoir
[ja]mais vu aucun. Ainsi, vous pouvez bien juger
[qu]e je n'aurai pas grand'peine à me consoler d'une
[ch]ose dont je me suis déjà consolé tant de fois.
[P]renez donc la peine de m'envoyer quérir les
[qu]atre pistoles perdues, et que je regarde pour-
[ta]nt comme mises à profit, puisqu'elles m'ont pro-
[cu]ré l'honneur de recevoir de vos nouvelles. Je
[su]is avec toute la reconnoissance que je dois, etc.

LETTRE XCIV.

AU MÊME.

Paris, 20 mars 1701.

Il me semble, monsieur, qu'il y a assez long-temps que nous sommes amis, pour n'être plus l'un avec l'autre à ces termes de respect que vous me prodiguez dans votre dernière lettre. Par quel procédé ridicule puis-je me les être attirés, et suis-je à votre égard ce *Sextus* de Martial, à qui il disoit :

Vis te, Sexte, coli ; volebam amare ?

Je serois bien fâché, monsieur, que vous en usassiez avec moi de la sorte, et je ne me consolerois pas aisément de la métamorphose d'un ami aussi commode et aussi obligeant que vous, en un courtisan respectueux. Ainsi, monsieur, sans vous rendre compliments pour compliments, trouvez bon que je vous dise très familièrement que si j'ai été si long-temps à répondre à vos dernières lettres, c'est que j'ai été malade et incommodé, et que je le suis encore; que c'est ce qui fait que je ne vous écris que ce mot, pour vous faire ressouvenir de la passion avec laquelle je suis, etc.

~~~~~~~~~~~~~~~~~~~~~~~~~~~~~

LETTRE XCV.

L'ABBÉ TALLEMANT A BOILEAU [1].

Le 3 mai 1701.

J'ai reçu avec joie le beau présent que vous m'avez fait de vos ouvrages, et je l'ai d'abord regardé comme une marque de votre estime et de votre amitié. Je m'étois flatté de cet avantage de tout temps, ayant eu des amis illustres, communs avec vous, et ayant vécu ensemble en société académique depuis plus de vingt années; mais en relisant

---

[1] Je voudrois avoir pu trouver la réponse de Boileau à cette lettre, qui montre combien il est dangereux d'attaquer les auteurs. Un trait satirique sur Boyer et sur une très mauvaise traduction de Plutarque ne paroît pas criminel. Voici cependant des plaintes faites amèrement et poliment. (LOUIS RACINE.)

vos admirables écrits, j'ai été cruellement détrompé par des corrections et des additions qui ne peuvent avoir été faites sans que vous ayez songé à l'intérêt que j'y pouvois prendre. J'aurois passé sous silence le premier de ces endroits, dont je me sens blessé, s'il s'étoit trouvé seul, quoiqu'en vérité la circonstance rende la chose un peu dure à digérer. Voici les vers de vos précédentes éditions :

> Les vers ne souffrent point de médiocre auteur ;
> Ses écrits en tous lieux sont l'effroi du lecteur ;
> Contre eux dans le Palais les boutiques murmurent,
> Et les ais chez Billaine à regret les endurent.
> Art. poét., chant IV.

Qui croiroit que de si beaux vers eussent demandé quelque correction ? cependant la voici :

> Qui dit froid écrivain dit détestable auteur :
> Boyer est à Pinchêne égal pour le lecteur.
> . . . .

Je vous laisse vous-même, monsieur, juge entre les vers que vous ôtez, et ceux que vous mettez en leur place. Voilà donc le pauvre Boyer, quatre ou cinq ans après sa mort, mis par vous au nombre des poëtes détestables, puisque, selon vous,

> Il n'est point de degré du médiocre au pire.

Cependant, sans vous contester son mérite, vous savez qu'il a toujours demeuré, et est mort dans notre maison; maison assez aimée des gens de lettres. Je méritois peut-être bien tout seul que vous laissassiez son ombre en repos.

Venons à l'autre changement; voici les vers de vos précédentes éditions :

>Et qu'importe à nos vers que Perrin les admire,
>Que l'auteur du Jonas s'empresse pour les lire,
>Pourvu qu'ils sachent plaire au plus puissant des rois?
>
>Épître VII à Racine.

Voici l'addition :

>Qu'ils charment de Senlis le poëte idiot,
>Ou le sec traducteur du françois d'Amiot.
>. . . . .

Qui ne voit que ces deux vers vous ont beaucoup coûté, et que vous ne les avez ajoutés que pour déshonorer un homme, en le notant d'une ignorance dont personne ne l'a accusé? Je me souviens que sur ce vers, que vous n'avez point voulu perdre, et qu'un petit ressentiment mal fondé vous avoit fait faire, feue madame de La Sablière et quelques autres personnes vous prièrent de le supprimer, et que vous le promîtes. Il ne restoit donc plus que moi, qu'il ne vous importoit guère de fâcher. Car comment voulez-vous que j'explique cette addition ? Je ne veux pas débattre les décisions de vos docteurs ; mais je sais qu'en bonne loi de l'Évangile il n'est pas permis de fâcher personne, et moins encore un ami, pour un bon mot. Je ne soutiendrai pas non plus la traduction que vous blâmez, et qui est pourtant à la septième édition [1]. Je vous dirai seulement que ce traducteur porte un nom que vous pouviez épargner, quand ce n'eût été que pour l'amour de moi. Je ne me plaindrai à personne ; cette lettre est écrite à plume courante. J'ai voulu seulement vous décharger mon cœur ; et je ne veux pas d'autre vengeance de vous, que le reproche secret que vous vous ferez, malgré que vous en ayez, d'avoir contristé de gaieté de cœur un homme avec qui vous avez toujours vécu en amitié, et qui n'en est peut-être pas indigne, non plus que de votre estime. Je vous prie cependant d'être persuadé que, malgré le déplaisir que vous

---

[1] Ce qui fait grand honneur à Plutarque. Cette traduction est de Paul Tallemant, proche parent de celui qui a écrit cette lettre, et qui étoit comme lui de l'académie françoise. (L. R.) — Louis Racine à qui l'on doit la publicité de cette lettre, se méprend ici. Le traducteur d'Amiot est François Tallemant, et celui qui a écrit à Despréaux est Paul Tallemant.

m'avez fait, je suis très chrétiennement, c'est-à-dire très sincèrement et sans détour, votre très humble, etc.

LETTRE XCVI.

A BROSSETTE.

Paris, 16 mai 1701.

Je me sens si coupable envers vous, monsieur, et j'ai tant de pardons à vous demander, que vous trouverez bon que je ne vous en demande aucun, et que je me contente de vous dire ce que disoit le bonhomme Horace à son ami Lollius : « Vous avez « acheté en moi, par vos bontés et par vos pré- « sents, un serviteur très imparfait et très peu « propre à s'acquitter des devoirs de la vie civile ; « mais enfin vous l'avez acheté, et il le faut garder « tel qu'il est. »

Prudens emisti vitiosum ; dicta tibi est lex [1].

Mes excuses ainsi faites, je vous dirai, mon-

[1] HORACE, livre II, épît. II, v. 18.

sieur, que j'ai lu avec grand plaisir l'exacte relation que vous m'avez envoyée de la réception de nos deux jeunes princes [1] dans votre illustre ville, et que je ne l'aurois pas, à mon sens, mieux vue, cette réception, quand j'aurois été à la meilleure fenêtre de votre hôtel-de-ville. L'excessive dépense qu'on y a faite m'a paru d'autant plus belle, que j'ai bien reconnu par-là qu'on ne sera pas fort embarrassé chez vous de payer la capitation [2]. J'en suis fort aise, et je crois qu'on n'en est pas moins joyeux à la cour.

Votre tableau des effets de l'aimant m'a été rendu fort fidèlement, et en très bon état; et j'en ai fait un des plus beaux et des plus utiles ornements de mon cabinet :

Omne tulit punctum qui miscuit utile dulci [3].

Si votre académie produit souvent de pareils ou-

---

[1] Les ducs de Bourgogne et de Berry, petits-fils de Louis XIV, venoient d'accompagner jusqu'aux limites de son royaume le duc d'Anjou leur frère, qui alloit régner en Espagne, sous le nom de Philippe V.

[2] Créée sous Louis XIV, en 1695, supprimée quelque temps après, et rétablie en 1701, la capitation fut définitivement remplacée, vers la fin du dernier siècle, par l'impôt personnel.

[3] HORACE, Art. poét., v. 342.

vrages, je doute fort que la nôtre, avec tout cet amas de proverbes qu'elle a entassés dans son dictionnaire, puisse lui être mise en parallèle, ni me fasse mieux concevoir à la lettre A, ce que c'est que la vertu de l'aimant, que je l'ai conçu par votre tableau [1].

Je suis bien aise que vous soyez content de ma dernière édition. Elle réussit assez bien ici, et, contre mon attente, elle trouve beaucoup plus d'acheteurs que de censeurs. Elle va bientôt paroître en petit, en deux volumes, que je me donnerai l'honneur de vous envoyer. J'espère, par ce présent, adoucir un peu le juste ressentiment que vous devez avoir de mes négligences, et vous faire concevoir à quel point, quoique très paresseux, je suis, etc.

Faites-moi la faveur de m'écrire au plus tôt en quelles mains vous voulez que je remette les trois pistoles que vous savez. Elles m'importunent dans ma cassette, où je les ai mises à part, et où, en les voyant, je me dis sans peine tous les jours :

Quod vides periisse, perditum ducas [2].

---

[1] L'estampe qui représentoit la machine inventée par M. de Puget, pour les expériences magnétiques.

[2] Vers de Catulle, déja cité.

LETTRE XCVII.

AU MÊME.

Paris, 10 juillet 1701.

Je différois, monsieur, à vous écrire jusqu'à ce que l'édition de mes ouvrages fût faite en petit, afin de vous l'envoyer en même temps avec l'argent que je vous dois; mais comme cette édition est plus lente à achever que je ne croyois, et qu'elle ne sauroit être encore prête de huit ou dix jours, j'ai cru que vous auriez sujet de vous plaindre, si j'attendois qu'elle parût pour vous remercier des lettres obligeantes que vous m'avez fait l'honneur de m'écrire, et pour vous donner satisfaction sur la chose dont vous souhaitez d'être éclairci. Je vous dirai donc, monsieur, qu'il y a environ quatre ans que M. le comte d'Ériceyra [1] m'envoya la traduction en

---

[1] François-Xavier de Ménésès, comte d'Ériceyra, né en 1673, mort en 1743, âgé de soixante-dix ans. Il n'étoit pas grand seigneur avec les savants, dit Cizeron-Rival; il n'étoit qu'homme de lettres, aisé, poli et communicatif.

portugais de ma Poétique, avec une lettre très obligeante, et des vers françois à ma louange ; que je sais assez bien l'espagnol, mais que je n'entends point le portugais, qui est fort différent du castillan, et qu'ainsi, c'est sur le rapport d'autrui que j'ai loué sa traduction ; mais que les gens instruits de cette langue, à qui j'ai montré cet ouvrage, m'ont assuré qu'il étoit merveilleux. Au reste, M. d'Ériceyra est un seigneur des plus qualifiés du Portugal, et a une mère qui est, dit-on, un prodige de mérite. On m'a montré des lettres françoises de sa façon, où il n'est pas possible de rien voir qui sente l'étranger. Ce qui m'a plu davantage et de la mère et du fils, c'est qu'ils ne me paroissent, ni l'un ni l'autre, entêtés des pointes et des faux brillants de leur pays, et qu'il ne paroît point que leur soleil leur ait trop échauffé la cervelle. Je vous en dirai davantage dans les lettres que je vous écrirai en vous envoyant ma petite édition, et peut-être vous enverrai-je aussi les vers françois qu'il m'a écrits.

Mille remerciements à M. de Puget de ses présents et de ses honnêtetés. Cependant permettez-moi de vous dire que je romprai tout commerce avec vous, si je vois plus dans vos lettres ce grand vilain mot de Monsieur, au haut de la page, avec quatre grands doigts entre deux. Sommes-nous des ambassadeurs, pour nous traiter avec ces circonspections, et ne suffit-il pas entre nous de *si vales, benè est ; ego quidem valeo?* Du reste, soyez bien persuadé qu'on ne peut être plus que je le suis, etc.

~~~~~~

LETTRE XCVIII.

A L'ABBÉ BIGNON, CONSEILLER D'ÉTAT [1].

. . . . .

Il n'y a rien, monsieur, de plus poli ni de plus obligeant que la lettre que je viens de recevoir de votre part; et bien que je ne convienne en aucune sorte des éloges que vous m'y donnez, je n'ai pas laissé de les lire avec un plaisir très sensible, n'y ayant rien de plus agréable que d'être loué, même sans fondement, par l'homme du monde le plus

---

[1] Jean-Paul Bignon, né à Paris, le 19 septembre 1662, mort le 14 mars 1743, étoit petit-fils du célèbre Jérôme Bignon, et neveu de M. de Pontchartrain. Après la mort de l'abbé de Louvois, ayant obtenu la charge de bibliothécaire du roi, dont son père et son grand-père avoient été revêtus, il enrichit de plus de 60,000 volumes le dépôt qui lui étoit confié. Mort en 1744, âgé de quatre-vingt-un ans.

louable, et qui a le plus de mérite. Vous pouvez, monsieur, nommer pour mon élève [1] non seulement un homme d'aussi grande capacité que M. Bourdelin [2], mais qui il vous plaira, et je me déterminerai toujours plutôt par votre choix que par le mien. Je suis bien aise, monsieur, que vous excusiez si facilement l'impuissance où me mettent mes infirmités d'assister à vos savantes assemblées. Tout ce que je vous demande, pour mettre le comble à vos bontés, c'est de vouloir bien témoigner à tout le monde que si je suis si inutilement de l'académie des médailles, il est bien vrai aussi que je n'en veux recevoir aucun profit pécuniaire. Du reste, monsieur, je vous prie d'être bien persuadé que c'est sincèrement et avec un très grand respect que je suis...

[1] L'académie des Inscriptions étoit alors composée de quarante académiciens, dix honoraires, dix pensionnaires, dix associés, et dix élèves.

[2] François Bourdelin, né en 1668, mort en 1717, fut successivement secrétaire d'ambassade en Danemarck, conseiller au châtelet et gentilhomme ordinaire.

LETTRE XCIX.

A M. DE PONTCHARTRAIN LE FILS, COMTE DE MAUREPAS.

Paris, mardi, cinq heures du soir...

Monseigneur,

Mon neveu m'ayant écrit que vous seriez bien aise que je vous rendisse compte moi-même de ce qui se seroit passé à l'académie des médailles le jour de ma réception, j'ai saisi avec joie cette occasion de vous marquer mon obéissance. Je vous dirai donc, monseigneur, que j'y ai été reçu aujourd'hui avec un applaudissement général, et que l'on m'y a accablé d'honneurs, de caresses, et de bonnes paroles. J'y ai renouvelé connoissance avec monseigneur le duc d'Aumont[1], que j'avois eu l'honneur de fréquenter autrefois à la cour. On a commencé par y lire un ouvrage fort savant, mais assez fasti-

---

[1] Premier gentilhomme de la chambre du roi, et ambassadeur extraordinaire en Angleterre.

dieux, et on s'est fort doctement ennuyé; mais ensuite on en a examiné un autre beaucoup plus agréable, et dont la lecture a assez attiré d'attention. C'étoit une dissertation sur l'origine du mot de *médaille*. Comme on a fait approcher de moi celui qui la lisoit, j'ai été en état de l'entendre et d'en parler[1] : c'est ce que j'ai fait jusqu'à l'affectation, sachant bien que cela vous plairoit. D'autres en ont dit aussi leur sentiment avec beaucoup de politesse et d'érudition, et je n'ai plus vu aucune bouche s'ouvrir pour bâiller. On a reçu ensuite trois élèves, et j'ai nommé M. Bourdelin pour le mien. Voilà, monseigneur, ce qui s'est passé de plus mémorable dans cette célèbre cérémonie, *cujus pars magna fui*. Tout ce que je puis vous dire, c'est que je ne doute point que votre établissement ne réussisse dans la suite; et il ne faut point s'étonner s'il y a maintenant quelques gens qui le désapprouvent; car tout ce qui est nouveau, quoique excellent; ne manque jamais d'être contredit; et quelles sottises ne dit-on point de l'académie françoise, lorsque le cardinal de Richelieu la fit fonder ! Tout ce que je souhaiterois, monseigneur, c'est que tout le monde fût content dans la métallique. Cela tient à bien peu de chose; et si vous

---

[1] Boileau commençoit à entendre difficilement.

vouliez bien me permettre de négocier pour cela, je suis persuadé que tous vos pensionnaires seroient bientôt aussi satisfaits que moi. Je vous écris ceci, comme vous l'avez souhaité, très à la hâte, à la sortie de notre assemblée, et suis avec un très grand respect, etc.

LETTRE C.

A BROSSETTE.

Paris, 13 septembre 1701.

J'ai remis, monsieur, entre les mains de M. Robustel[1] les trois pistoles dont il est question entre nous, et il m'en a donné une quittance par laquelle se charge de les faire tenir au sieur Boudet, libraire, à Lyon. Il me reste un scrupule, c'est que je ne sais point si les trois pistoles que vous avez mises pour moi ne sont point trois pistoles d'or. Faites-moi la faveur de me le mander, parceque, si cela est, j'aurai soin de vous envoyer le supplément[2]. Je voudrois bien pouvoir vous envoyer

---

[1] Ami de Brossette.
[2] C'est-à-dire sept livres dix sous; la pistole d'or va-

aussi les vers françois que M. le comte d'Ériceyra a faits à ma louange; mais je les ai égarés dans la multitude infinie de mes paperasses, et il faudra que le hasard me les fasse retrouver.

Je dois bien savoir que M. de Vittemant[1] porte mon livre au roi d'Espagne, puisque c'est moi qui le lui ai fait remettre entre les mains, pour le présenter à sa majesté catholique de ma part. On m'a dit que madame la duchesse de Bourgogne le lui a envoyé aussi en grand et magnifiquement relié. Vous ne me parlez plus de votre académie de Lyon. On en a fait ici une nouvelle des Inscriptions, dont on veut que je sois, et que je touche pension, quoique cela ne soit point véritable. Mais c'est un mystère qui seroit bien long à vous expliquer, et qui ne peut pas être compris dans une petite lettre d'affaire, laquelle commençant par une quittance, devroit finir par : *autre chose n'ai à vous mander, sinon que je suis,* etc.

lant autant que le vieux louis, porté depuis quelques années à douze livres dix sous, au lieu de dix livres tournois.

[1] L'abbé Vittemant, professeur de philosophie au collège de Beauvais, et recteur de l'université, avoit été choisi par le roi pour lecteur des enfants de France, et spécialement attaché au duc d'Anjou. Ce prince, étant devenu roi d'Espagne, demanda l'abbé Vittemant au roi, qui lui permit d'aller rejoindre son auguste élève.

LETTRE CI.

AU MÊME.

Paris, 6 octobre 1701.

Je ne vous ferai point d'excuses, monsieur, de ce que j'ai été si long-temps à vous faire réponse. Vous m'avez si bien autorisé dans mes négligences, par votre facilité à me les pardonner, que je ne crois pas même avoir besoin de les avouer. Ainsi, monsieur, je vous dirai, avec la même confiance que si je vous avois répondu sur-le-champ, que je suis bien fâché de ne pouvoir pas vous envoyer les vers françois de M. le comte d'Ériceyra, parcequ'il me faudroit, pour les trouver, feuilleter tous mes papiers, qui ne sont pas en petit nombre, et que d'ailleurs je ne trouve pas ces vers assez bons pour permettre qu'on les rende publics. C'est une étrange entreprise que d'écrire une langue étrangère, quand nous n'avons point fréquenté avec les naturels du pays; et je suis assuré que si Térence et Cicéron revenoient au monde, ils rioient à gorge déployée des ouvrages latins des Fernel, des Sannazar et des Muret[1]. Il y a pourtant beaucoup d'esprit dans les vers françois de l'illustre Portugais dont il est question; mais franchement il y a beaucoup de portugais, de même qu'il y a beaucoup de françois dans tous les vers latins des poëtes françois qui écrivent en latin aujourd'hui.

Vous me ferez plaisir de parler de cela dans votre académie, et d'y agiter cette question : *Si on peut bien écrire dans une langue morte.* J'ai commencé autrefois sur cette question un dialogue assez plaisant, et je ne sais si je vous en ai parlé à Paris dans les longs entretiens que nous avons eus ensemble. Ne croyez pas pourtant que je veuille par-là blâmer les vers latins que vous m'avez envoyés d'un de vos illustres académiciens. Je les ai trouvés fort beaux, et dignes de Vida et de Sannazar, mais non pas d'Horace et de Virgile : et quel moyen d'égaler ces grands hommes dans une langue dont nous ne savons pas même la prononciation? Qui croiroit, si Cicéron ne nous l'a-

---

[1] Trois célèbres écrivains latins, des quinzième et seizième siècles. Muret, par l'élégante correction de sa prose, et Sannazar par son beau poëme DE PARTU VIRGINIS, sont assez généralement connus : Fernel l'est beaucoup moins, parcequ'il n'a écrit que sur la médecine et les mathématiques.

voit appris, que le mot de *videre* est d'un très dangereux usage, et que ce seroit une saleté horrible de dire, *quum nos vidissemus?* Comment savoir en quelles occasions dans le latin le substantif doit passer devant l'adjectif, ou l'adjectif devant le substantif? Cependant imaginez-vous quelle absurdité ce seroit en françois de dire, *mon neuf habit*, au lieu de *mon habit neuf*, ou *mon blanc bonnet*, au lieu de *mon bonnet blanc*, quoique le proverbe dise que c'est la même chose. Je vous écris ceci afin de donner matière à votre académie de s'exercer. Faites-moi la faveur de m'écrire le résultat de sa conférence sur cet article, et croyez que c'est très affectueusement que je suis....

LETTRE CII.

AU MÊME.

Paris, 10 décembre 1701.

Je pourrois, monsieur, vous alléguer d'assez bonnes excuses du long temps que j'ai été sans vous écrire, et vous dire que j'ai eu durant ce temps-là affaires, procès, et maladies; mais je suis si sûr de mon pardon, que je ne crois pas même nécessaire de vous le demander. Ainsi, pour répondre à la dernière lettre que vous m'avez fait l'honneur de m'écrire, je vous dirai que je l'ai reçue avec les deux ouvrages qui y étoient enfermés. J'ai aussitôt examiné ces deux ouvrages, et je vous avoue que j'en ai été très peu satisfait.

Celui qui porte le titre de l'*Esprit des cours* vient d'un auteur qui a, selon moi, plus de malin-vouloir que d'esprit, et qui parle souvent de ce qu'il ne sait point [1]. C'est un mauvais imitateur du gazetier de Hollande, et qui croit que c'est bien parler, que de parler mal de toutes choses.

A l'égard du *Chapelain décoiffé*, c'est une pièce où je vous confesse que M. Racine et moi avons eu quelque part; mais nous n'y avons jamais travaillé qu'à table, et le verre à la main. Il n'a pas été proprement fait *currente calamo*, mais *currente lagena*, et nous n'en avons jamais écrit un seul mot. Il n'étoit point comme celui que vous m'avez envoyé, qui a été vraisemblablement composé

---

[1] Cet auteur méprisable, et justement méprisé, étoit Nicolas Gueudeville, moine françois réfugié en Hollande. Il fit du TÉLÉMAQUE une critique plus méprisée encore que ses autres ouvrages.

après coup, par des gens qui avoient retenu quelques unes de nos pensées, mais qui y ont mêlé des bassesses insupportables. Je n'y ai reconnu de moi que ce trait :

> Mille et mille papiers dont ta table est couverte,
> Semblent porter écrit le destin de ma perte.

Et celui-ci :

> En cet affront La Serre est le tondeur,
> Et le tondu, père de la Pucelle.

Celui qui avoit le plus de part à cette pièce, c'étoit Furetière, et c'est de lui :

> O perruque ma mie !
> N'as-tu donc tant vécu que pour cette infamie ?

Voilà, monsieur, toutes les lumières que je puis vous donner sur cet ouvrage, qui n'est ni de moi, ni digne de moi. Je vous prie donc de bien détromper ceux qui me l'attribuent. Je vous le renvoie par cet ordinaire.

J'attends la décision de vos messieurs sur la prononciation du latin, et je ne vous cacherai point qu'ayant proposé ma question à l'académie des médailles, il a été décidé tout d'une voix que nous ne le savions point prononcer; et que, s'il revenoit au monde un *civis latinus* du temps d'Auguste, il riroit à gorge déployée en entendant un François parler latin, et lui demanderoit peut-être : Quelle langue parlez-vous là? Au reste, à propos de l'académie des médailles, je suis bien aise de vous avertir qu'il n'est point vrai que j'en sois ni pensionnaire ni directeur; et que je suis tout au plus, quoi qu'en dise l'écrit que vous avez vu, un volontaire qui y va quand il veut, mais qui ne touche pour cela aucun argent. Je vous éclaircirai tout ce mystère, si j'ai jamais l'honneur de vous voir à Paris. Cependant faites-moi la faveur de m'aimer toujours, et de croire que, tout négligent que je suis, je ne laisse pas d'être très cordialement...

LETTRE CIII.

AU MÊME.

Paris, 29 décembre 1701.

Voici la première lettre où je ne vous ferai point d'excuses, monsieur, puisque je réponds à celle que vous m'avez fait l'honneur de m'écrire deux jours après que je l'ai reçue. Je ne vois pas sur quoi votre savant peut fonder l'explication forcée qu'il donne au vers d'Homère, puisque Phérécyde vivoit près de deux cents ans après Homère, et qu'il n'y a pas d'apparence qu'Homère ait parlé d'un cadran qui n'étoit pas de son temps. Je n'ai jamais rien lu de Bochart; et s'il est vrai qu'il soutienne une explication si extravagante, cela ne me donne pas une grande envie de le lire. Je ne fais pas grande estime de tous ces savantasses qui croient se distinguer des autres interprètes en donnant un sens nouveau et recherché aux endroits les plus clairs et les plus faciles; et c'est d'eux qu'on peut dire :

Faciunt næ intelligendo ut nihil intelligant[1].

Pour ce qui est des chiens qui ont vécu plus de vingt-deux ans, je vous en citerai un garant, dont je doute que M. Perrault lui-même ose contester le témoignage : c'est Louis-le-Grand, roi de France et de Navarre, qui en a eu un qui a vécu jusqu'à vingt-trois ans. Tout ce que M. Perrault peut dire, c'est que ce prince est accoutumé aux miracles et à des événements qui n'arrivent qu'à lui seul, et qu'ainsi ce qui lui est arrivé ne peut pas être tiré à conséquence pour les autres hommes; mais je n'aurai pas de peine à lui prouver que, dans notre

---

[1] TÉRENCE, prologue de l'Andrienne, v. 17.

famille même, j'ai eu un oncle, qui n'étoit pas un homme fort miraculeux, lequel a nourri vingt-quatre années une espèce de bichon qu'il avoit.

Je ne vous parle point de ce que c'est que la place que j'occupe dans l'académie des inscriptions. Il y a tant de choses à dire là-dessus, que j'aime mieux sur cela *silere, quam pauca dicere*. J'ai été fort fâché de la mort de M. Chanut. Je vous prie de bien faire ma cour à M. Bronod [1], que, sur votre récit, je brûle déja de connoître. Je suis.....

LETTRE CIV.

AU MÊME.

Paris, 9 avril 1702.

Je réponds, monsieur, sur-le-champ à votre dernière lettre, de peur qu'il ne m'arrive ce qui m'est arrivé déja plusieurs fois depuis six mois, qui est d'avoir toujours envie de vous écrire, et de ne vous écrire point pourtant, par une misérable in-

---

[1] Avocat au conseil, chargé à Paris des affaires de la ville de Lyon, après la mort de M. Chanut.

dolence dont je ne saurois franchement vous dire la raison, sinon que, pour me servir des termes de saint Paul, je fais souvent le mal que je ne veux pas, et que je ne fais pas le bien que je veux. Mais sans perdre le temps en vaines excuses, puisque je trouve sous ma main deux de vos lettres, je m'en vais répondre à quelques interrogations que vous m'y faites.

Je vous dirai donc premièrement que les deux épigrammes latines dont vous desirez savoir le mystère, ont été faites dans ma première jeunesse, et presque au sortir du collége, lorsque mon père me fit recevoir avocat, c'est-à-dire à l'âge de dix-neuf ans. Celui que j'attaque, dans la première de ces épigrammes, étoit un jeune avocat, fils d'un huissier, nommé Herbinot. Cet avocat est mort conseiller de la cour des aides. Son père étoit fort riche, et le fils assurément n'a pas mangé son bien, car il passoit pour grand ménager. A l'égard de l'autre épigramme, elle regarde M. de Brienne, jadis secrétaire d'état, qui est mort fou et enfermé. Il étoit alors dans la folie de faire des vers latins, et sur-tout des vers phaleuces; et comme sa dignité dans ce temps-là le rendoit considérable, je ne pus refuser à la prière de mon frère, aujourd'hui chanoine de la Sainte-Chapelle, qui étoit souvent visité de lui, et qui m'engagea à faire des vers phaleuces à la louange de ce fou qualifié, car il étoit déja fou. J'en fis donc, et il les lui montra; mais comme c'étoit la première fois que je m'étois exercé dans ce genre de vers, ils ne furent pas trouvés fort bons, et ils ne l'étoient point en effet : si bien que dans le dépit où j'étois d'avoir si mal réussi, je composai l'épigramme dont il est question, et montrai par-là qu'il ne faut pas légèrement irriter *genus irritabile vatum*[1]; et que, comme a fort bien dit Juvénal en latin, *facit indignatio versum*[2]; ou, comme je l'ai assez médiocrement dit en françois :

La colère suffit, et vaut un Apollon[3].

Pour l'épigramme à la louange du roman allégorique, elle regarde feu M. l'abbé d'Aubignac, qui a composé *la Pratique du théâtre*, et qui avoit alors beaucoup de réputation. Ce roman allégorique, qui étoit de son invention, s'appeloit *Macarise*; et il prétendoit que toute la philosophie stoïcienne y étoit renfermée. La vérité est qu'il n'eut aucun succès, et qu'il

Ne fit de chez Sercy qu'un saut chez l'épicier[4].

---

[1] Horace, liv. II, épître II, v. 102.
[2] Juvén., sat. I, v. 79.
[3] Sat. I, v. 144.
[4] Art poétique, chant II, v. 100.

Je fis l'épigramme pour être mise au-devant de ce livre, avec quantité d'autres ouvrages que l'auteur avoit, à l'ancienne mode, exigés de ses amis pour le faire valoir; mais heureusement je lui portai l'épigramme trop tard, et elle ne fut point mise: Dieu en soit loué! Vous voilà, ce me semble, monsieur, bien éclairci de vos difficultés.

Pour ce qui est de votre M. Samuel Bochart, je n'ai jamais rien lu de lui, et ce que vous m'en dites ne me donne pas grande envie de le lire ; car il me paroît que c'est un savantasse beaucoup plus plein de lecture que de raison; et je crois qu'il en est de son explication du vers d'Homère comme de celles de M. Dacier sur

Atavis edite regibus [1] :

ou sur l'ode:

O navis, referent in mare te novi, etc.

ou sur le passage de Thucydide rapporté par Longin, à propos des Lacédémoniens qui combattoient au pas des Thermopyles [2]. Je ne saurois dire à

---

[1] HORACE, liv. I, odes I et XIV.
[2] Traité du sublime, ch. XXXI, tome III, p. 155. Le passage que cite Longin est tiré d'Hérodote, liv. VIII.

propos de pareilles explications que ce que dit Térence :

Faciunt næ intelligendo ut nihil intelligant.

Adieu, mon cher monsieur, excusez mes *pataraffes*, et croyez que je suis sincèrement....

J'oubliois de vous parler des vers latins. Ils sont très bons et très latins, à l'exception d'un *nequii* qui est au premier vers, et de la dureté duquel je ne saurois m'accommoder. Il me semble que je ne saurois mieux vous payer de votre présent qu'en vous envoyant ce petit compliment *catullien*, que m'a fait un régent de seconde du collége de Beauvais, qui avoit déja fait une ode latine très jolie pour moi, et en considération de laquelle je lui avois fait présent de mon livre.

LETTRE CV.

AU COMTE DE REVEL [1], LIEUTENANT-GÉNÉRAL
DES ARMÉES DU ROI.

Paris, 17 avril 1702.

Vous ne sauriez vous imaginer, monsieur, combien je vous suis obligé de la bonté que vous avez eue de m'envoyer votre relation du combat de Crémone [2]. Elle a éclairci toutes mes difficultés, et elle

---

[1] Charles Amédée de Broglio, comte de Revel, est connu par des actions d'éclat, mais personne ne sut jamais moins les faire valoir. Madame de Sévigné lui rend ce témoignage dans plusieurs de ses lettres.

[2] La campagne de 1701 s'ouvrit par la surprise de Crémone, le 1er février, au moyen de trois cents hommes, que le prince Eugène y introduisit par un égout. Le maréchal de Villeroi, qui s'étoit vanté de faire *danser le rigaudon* à ce prince, ainsi qu'aux princes de Commercy et de Vaudemont, pendant le carnaval de Venise, fut fait prisonnier. Le comte de Revel et le marquis de Praslin ayant fait brûler le pont par où devoit passer le secours sans lequel le prince Eugène ne pouvoit garder cette

m'a confirmé dans la pensée où j'ai toujours été que les belles actions ne sont jamais mieux racontées que par ceux mêmes qui les ont faites. C'est proprement à César qu'il appartient d'écrire les exploits de César. Mais, à propos de votre action, que vous dirai-je, sinon que je n'en ai jamais vu de pareilles que dans les romans? Encore faut-il que ce soient des romans de chevalerie, où l'auteur a beaucoup plus songé au merveilleux qu'au vraisemblable. Je ne suis point surpris du remerciement honorable que vous en a fait sa majesté catholique. Eh! quels remerciements ne vous doit point un prince à qui, en sauvant une seule ville, vous sauvez les deux plus riches diamants de sa couronne, je veux dire le Milanois et le royaume de Naples. Mais si les rois et les princes publient si hautement vos louanges, le peuple ici n'est pas moins déclaré en votre faveur. Le roi vous a donné le cordon bleu; mais il n'y a point de petit bourgeois à Paris qui ne vous donne en son cœur le bâton de maréchal de France, et qui ne soit persuadé comme moi que vous ne tarderez guère à en être honoré.

Avant donc que vous l'ayez, et que nous soyons réduits par une indispensable bienséance à vous

conquête, il fut obligé d'abandonner la ville, le soir même du jour où il y étoit entré.

appeler Monseigneur, trouvez bon, monsieur
que je vous parle encore aujourd'hui sur ce to[n]
familier auquel vous m'aviez autrefois accoutum[é]
chez la célèbre Champmeslé. Vous étiez alors asse[z]
épris d'elle, et je doute que vous en fussiez rigou[-]
reusement traité. Permettez-moi cependant de vou[s]
dire que de toutes les maîtresses que vous avez ai[-]
mées, celle, à mon avis, dont vous avez le plu[s]
sujet de vous louer, c'est la gloire, puisqu'elle vou[s]
a toujours comblé de ses faveurs, et qu'elle n[e]
vous a jamais trahi : car je ne voudrois pas jure[r]
que les autres vous aient gardé la même fidélit[é.]
Continuez donc à la suivre, et soyez bien persuad[é]
que je suis, avec toute l'estime et tout le respect qu[e]
je dois, etc.

LETTRE CVI.

A BROSSETTE.

Paris, 15 juillet 1702.

Vous êtes un homme merveilleux, monsieur[;]
c'est moi qui suis coupable, et coupable par excè[s]
envers vous; cependant c'est vous qui m'écrivez d[e]

excuses. J'ai manqué à répondre à trois de vos lettres, et, au lieu de me quereller, vous me dites des douceurs à outrance; vous m'envoyez des présents, et, si je vous en crois, je suis en droit de me plaindre. Je vois bien ce que c'est; vous lisez dans mon cœur, et comme vous y voyez bien le remords que j'ai d'avoir été si peu exact à votre égard, vous êtes bien aise de m'en délivrer, en me persuadant que vous avez été aussi très négligent de votre côté. Vous ne songez pas néanmoins que par-là vous m'autorisez à ne vous écrire que lorsque la fantaisie m'en prend, et à couronner mes fautes par de nouvelles fautes. Aujourd'hui pourtant je n'en commettrai pas une si lourde, que de tarder à vous remercier du présent que vous m'avez fait du livre de votre illustre ami. Je vous réponds que je le lirai exactement, et que je vous en rendrai le compte que je dois. Il m'est fort honorable qu'un si savant homme souhaite d'avoir mon suffrage. Vous le pouvez assurer que je le lui donnerai dans peu avec grand plaisir, et que ce suffrage sera alors d'un bien plus grand poids qu'il n'est maintenant, puisque j'aurai lu son livre, et que je serai par conséquent beaucoup plus habile que je ne le suis.

Pour ce qui est des particularités dont vous me demandez l'éclaircissement, je vous dirai que sonnet a été fait sur une de mes niéces qui étoit à-peu-près du même âge que moi, et que le charlatan étoit un fameux médecin de la faculté. Elle étoit sœur de M. Dongois greffier, et avoit beaucoup d'esprit. J'ai composé ce sonnet dans le temps de ma plus grande force poétique, en partie pour montrer qu'on peut parler d'amitié en vers aussi bien que d'amour; et que les choses innocentes s'y peuvent aussi bien exprimer que toutes les maximes odieuses de la morale lubrique des opéras. A l'égard de l'épigramme à Climéne, c'est un ouvrage de ma première jeunesse, et un caprice imaginé pour dire quelque chose de nouveau. Pour la chanson, elle a été effectivement faite à Bâville, dans le temps des noces de M. de Bâville, aujourd'hui intendant de Languedoc. Les trois muses étoient madame de Chalucet, mère de madame de Bâville; une madame Hélyot, espèce de bourgeoise renforcée, qui avoit acquis une assez grande familiarité avec M. le premier président, dont elle étoit voisine à Paris, et qui avoit une terre assez proche de Bâville; la troisième étoit une madame de La Ville, femme d'un fameux traitant, pour laquelle M. de Lamoignon, aujourd'hui président au mortier, avoit alors quelque inclination. Celle-ci ayant chanté à table une chanson à boire dont l'air étoit fort joli, mais les paroles très méchantes, tous les

conviés, et le P. Bourdaloue entre autres, qui étoi
de la noce aussi bien que le P. Rapin, m'exhortè-
rent à y faire de nouvelles paroles ; et je leur rapportai le lendemain les quatre couplets dont i
étoit question. Ils réussirent fort, à la réserve de
deux derniers qui firent un peu refrogner le P. Bou
daloue. Pour le P. Rapin, il entendit raillerie, e
obligea même le P. Bourdaloue à l'entendre aussi [1]
Voilà tous vos mystères débrouillés. Au lieu de

Trois muses en habit de ville,

il y avoit :

Chalucet, Hélyot, La Ville.

M. d'Arbouville, qui vient après, étoit un genti
homme parent de M. le premier président ; il bu
voit volontiers à plein verre.

On ne m'a pas fort accablé d'éloges sur le sonne
de ma parente ; cependant, monsieur, oserois-j
vous dire que c'est une des choses de ma faço

---

[1] En effet, le P. Bourdaloue avoit pris d'abord très sé
rieusement cette plaisanterie, et dans sa colère il avo
dit au père Rapin : « Si M. Despréaux me chante, je
« prêcherai. » — « Ce n'eût vraisemblablement pas été
« ajoute d'Alembert, dans un sermon SUR LE PARDO
« DES INJURES. »

dont je m'applaudis le plus, et que je ne crois pas avoir rien dit de plus gracieux que :

A ses jeux innocents enfant associé,

et

Rompant de ses beaux jours le fil trop délié,

et

Fut le premier démon qui m'inspira des vers ?

C'est à vous à en juger. Je suis, etc.....

LETTRE CVII.

AU MÊME.

Paris, 7 janvier 1703.

J'attendois, monsieur, à vous remercier lorsque j'aurois reçu vos magnifiques présents, afin de vous répondre en des termes proportionnés à la grandeur de vos fromages; mais le messager ayant dit à Planson[1] qu'ils ne pouvoient encore arriver de

---

[1] Domestique de Boileau.

long-temps, je n'ai pas cru devoir différer davantage à vous en faire mes remerciements. Je vous dirai donc par avance, qu'en comblant ainsi de vos dons l'auteur que vous avez entrepris de commenter, vous ne jouez pas simplement le personnage de Servius et d'Asconius Pædianus [1], mais de Mécénas et du cardinal de Richelieu; et peut-être aurois-je refusé de les prendre, si heureusement je ne me fusse ressouvenu d'avoir lu dans un auteur ancien qu'il n'y a pas quelquefois moins de beauté d'ame à recevoir de bonne grace des présents, qu'à en faire.

Cependant, pour commencer à vous payer dans la monnoie que vous souhaitez, je vous répondrai sur l'éclaircissement que vous me demandez au sujet de la *Clélie*, que c'est effectivement une très grande absurdité à la demoiselle auteur de cet ouvrage [2], d'avoir choisi le plus grave siècle de la république romaine pour y peindre les caractères de nos François; car on prétend qu'il n'y a pas dans ce livre un seul Romain ni une seule Romaine qui ne soit copié sur le modéle de quelque bourgeois ou de quelque bourgeoise de son quartier. On en

[1] Deux commentateurs célèbres, l'un de Virgile, l'autre de Cicéron.
[2] Magdeleine de Scudéri, morte le 2 juin 1701.

donnoit autrefois une clef qui a couru [1]; mais je ne me suis jamais soucié de l'avoir. Tout ce que je sais, c'est que le généreux *Herminius*, c'étoit M. Pellisson; l'agréable *Scaurus*, c'étoit Scarron; le galant *Amilcar*, Sarasin, etc... Le plaisant de l'affaire, est que nos poëtes de théâtre, dans plusieurs pièces, ont imité cette folie, comme on le peut voir dans *la Mort de Cyrus* du célèbre M. Quinault, où Thomyris entre sur le théâtre en cherchant de tous côtés, et dit ces deux beaux vers :

Que l'on cherche par-tout mes tablettes perdues,
Et que sans les ouvrir elles me soient rendues.

Voilà un étrange meuble pour une reine des Massagettes [2], que des tablettes dans un temps où je ne sais si l'art d'écrire étoit inventé! Je vous en écrirai davantage sur ce sujet, dès que vos présents seront arrivés. Cependant croyez que c'est du fond du cœur que je suis, etc.

---

[1] Cette clef se trouve dans LE GRAND DICTIONNAIRE HISTORIQUE DES PRÉCIEUSES, par le sieur de Somaize, 2 volumes in-12, 1661. Il ne faut pas confondre cet écrivain avec le commentateur Saumaise.

[2] Anciens peuples féroces de la Scythie asiatique, dont le pays s'appelle aujourd'hui le Turquestan.

LETTRE CVIII.

AU MÊME.

. . . . . .

Il y a huit jours, monsieur, que j'ai reçu votre magnifique présent, et j'ai été tout ce temps-là à chercher des paroles pour vous en remercier dignement, sans en pouvoir trouver. En effet, à un homme qui fait de tels présents, ce n'est point des lettres familières et de simples compliments un peu ornés, ce sont des épîtres *liminaires* du plus haut style qu'il faut écrire, et où les comparaisons du soleil soient prodiguées. Balzac auroit été merveilleux pour cela, si vous lui en aviez envoyé de pareils; et il auroit peut-être égalé la grosseur de vos fromages par la hauteur de ses hyperboles. Il vous auroit dit que ces fromages avoient été faits du lait de la chèvre céleste, ou de celui de la vache Io; que votre jambon étoit un membre détaché du sanglier d'Érymanthe : mais pour moi qui vais un peu plus terre à terre, vous trouverez bon que je me contente de vous dire que vous vous moquez de m'envoyer tant de choses à-la-fois ; que si honnêtement j'avois pu les refuser, vos présents seroient retournés à Lyon ; que cependant je ne laisse pas d'en avoir toute la reconnoissance que je dois, et qu'on ne peut être plus que je le suis, etc.

P. S. Pour vos *Mémoires de la république des lettres*, franchement ils sont bien inférieurs au jambon et aux fromages ; et l'auteur y est si grossièrement partial, que je ne saurois trouver aucun goût dans ses ouvrages, quoique bien écrits.

LETTRE CIX.

L'ABBÉ BOILEAU, FRÈRE DE DESPRÉAUX, A BROSSETTE.

Paris, 12 février 1703.

Monsieur,

J'ai bien à vous demander pardon d'avoir été si long-temps à faire réponse à l'obligeante lettre que vous m'avez fait l'honneur de m'écrire, du 20 janvier dernier. Une maladie assez longue et assez fastidieuse m'a contraint de faire cette faute que je vous prie d'oublier; et pour satisfaire exactement aux demandes que vous me faites, je vous dirai, suivant la perquisition que j'ai faite de l'affaire dont vous me parlez :

1° Que ce fut en 1667 que le procès touchant le Lutrin commença entre le chantre et le trésorier de la Sainte-Chapelle. Le chantre se nommoit M. l'abbé Barrin, homme de qualité distingué dans l'épée et dans la robe; et le trésorier se nommoit Claude Auvri, évêque de Coutances en Normandie. Il avoit été camérier du cardinal Mazarin, et c'est ce qui avoit fait sa fortune. C'étoit un homme assez réglé dans ses mœurs, d'ailleurs fort ignorant, et d'un mérite au-dessous du médiocre. Le dernier de juillet 1667, il s'avisa de faire mettre un pupitre devant le stalle [1] premier du côté gauche, que le chantre fit ôter à force ouverte, prétendant qu'il n'y avoit jamais été. La cause fut retenue aux requêtes du palais, et, après plusieurs procédures, elle fut assoupie par feu M. le premier président de Lamoignon.

2° Que Sidrac est un vrai nom d'un vieux chapelain-clerc de la Sainte-Chapelle, c'est-à-dire un chantre musicien, dont la voix étoit une taille fort belle; son personnage n'est point feint.

---

[1] *Stalle* étoit autrefois masculin.

3° L'abbaye de Saint-Nicaise de Reims, qui vaut 16,000 livres de revenu à la Sainte-Chapelle, ayant été unie par le roi Louis XIII, du temps du cardinal de Richelieu, chaque chanoine doit avoir tous les ans un muid de vin de Reims; mais cela s'apprécie, et on emploie cet argent aux dépenses nécessaires de la Sainte-Chapelle. Cette abbaye fut unie à la Sainte-Chapelle les dernières années du ministère du cardinal de Richelieu, pour suppléer au revenu qu'on lui ôta des régales des évêchés, que le roi donna aux évêques nommés, et dont une partie est distraite pour de nouveaux convertis. Comme les vendanges font un des principaux revenus de cette abbaye, le capitulant avoit raison de dire : « Je sais sur quelle vigne nous avons hy- « pothéque. »

Voilà, ce me semble, l'éclaircissement que je puis donner aux questions que vous avez pris la peine de me faire. Si vous en avez quelques autres, j'espère que j'y satisferai plus promptement qu'à celles-ci; profitant toujours avec plaisir des occasions que vous me ferez naître pour mériter l'honneur de votre amitié, et vous assurer que personne n'est avec plus d'estime, d'attachement, et de passion que moi, monsieur, votre très humble, etc.

BOILEAU.

LETTRE CX.

A BROSSETTE.

Paris, 4 mars 1703.

Je trouvai hier mon frère le chanoine de la Sainte-Chapelle, qui vous écrivoit une lettre avec laquelle il prétendoit vous envoyer la requête présentée par le chantre Barrin, au sujet du pupitre mis sur son banc. Cela me couvrit de confusion, en me faisant ressouvenir du long temps qu'il y a que je ne vous ai donné aucun signe de vie par mes lettres. En effet, c'est une chose étrange que tout le monde étant empressé à vous répondre, celui-là seul qui a plus de raison de l'être ne le soit point. Il me semble cependant que c'est votre faute, puisque c'est votre trop grande facilité à me pardonner mes négligences qui me rend négligent. Mais quoi! bien loin de m'accuser de mon peu de soin, peu s'en faut que vous ne vous excusiez de votre trop d'exactitude. Encore ne vous bornez-vous pas aux seules excuses, mais vous les accompagnez de jambons, de fromages, qui feroient tout excuser, quand même vous auriez tort. Pour tâcher donc à réparer un peu mes fautes passées, voici les vers que vous demandez, faits sur ce vers de l'Anthologie, car il y est tout seul,

Ἤειδον μὲν ἐγὼν, ἐχάρασσε δὲ θεῖος Ὅμηρος:

Quand la dernière fois, dans le sacré vallon,
La troupe des neuf sœurs, par l'ordre d'Apollon,
  Lut l'Iliade et l'Odyssée,
Chacune à les louer se montrant empressée,
De leur auteur, dit-il, apprenez le vrai nom [1] :
Jadis avec Homère, aux rives du Permesse,
Dans ce bois de lauriers, où seul il me suivoit,
Je les fis toutes deux : plein d'une douce ivresse,
  Je chantois, Homère écrivoit.

J'ai été obligé de mettre ainsi la chose, parcequ'autrement elle ne seroit pas amenée. Charpentier l'a exprimée en ces termes :

  Quand Apollon vit le volume
Qui sous le nom d'Homère enchantoit l'univers:
Je me souviens, dit-il, que j'ai dicté ces vers,
  Et qu'Homère tenoit la plume.

Cela est assez concis et assez bien tourné ; mais,

---

[1] Ce vers a été remplacé par ceux-ci :
  Apprenez un secret qu'ignore l'univers,
   Leur dit alors le Dieu des vers.

à mon sens, *le volume* est un mot fort bas en cet endroit; et je n'aime point ce mot de palais : *tenoit la plume.*

Pour ce qui est des lettres que vous me sollicitez de vous envoyer, je ne saurois encore sur cela vous donner satisfaction, parcequ'il faut que je les retouche avant que de les mettre entre les mains d'un homme aussi éclairé que vous. Je les ai écrites, la plupart, avec la même rapidité que je vous écris celle-ci, et sans savoir souvent où j'allois. M. Racine me récrivoit de même, et il faudroit aussi revoir les siennes. Cela demande beaucoup de temps. D'ailleurs, il y a dedans quelques secrets que je ne crois pas devoir être confiés à un tiers. Adieu, monsieur, aimez-moi toujours, et soyez persuadé que je suis, avec toute l'affection que je dois, etc.

LETTRE CXI.

A M. DE LA CHAPELLE, A VERSAILLES.

Paris, 13 mars 1703.

Je vous renvoie, mon très cher neveu, votre papier avec les changements bons ou mauvais que j'y ai faits. Vous n'avez qu'à vous en servir comme vous jugerez à propos. Il me semble sur-tout qu'il faut prendre garde à l'article de Vigo, qui est délicat à traiter. J'y ai mis ce qui m'est venu sur-le-champ. Le neveu de M. de Château-Renaud, qui m'a apporté votre lettre, me paroît un très galant homme, et je vous prie de lui témoigner combien je suis plein de lui. C'est lui qui a mis à la marge les petits anachronismes de l'histoire de M. son oncle. Je ne sais si ce que j'ai changé les rectifie assez bien, parceque je ne suis pas fort dressé au style des lettres ou des ordonnances royales, ou plutôt *royaux;* car tel est le plaisir de ces lettres et de ces ordonnances, de vouloir être *masculins*, dérogeant en cela à toutes les règles de la grammaire. Que si, en travaillant sur un sujet si peu de mon genre, je vous ai fait un petit plaisir, je vous supplie en récompense de m'en faire un fort grand; c'est de vouloir bien témoigner de ma part à monseigneur de Pontchartrain la part que je prends aux intérêts du fils de M. Cartigny, nouvel acquéreur d'une charge de commissaire de la marine. Je le prie de se ressouvenir que c'est le père de ce commissaire qui m'a donné le premier la connoissance de monseigneur de Pontchartrain; et que c'est lui qui a accompagné à Auteuil cet illustre ministre d'état, la première fois qu'il me fit l'honneur de m'y venir voir, et que je lui donnai ce fameux repas qui me coûta huit livres dix sous. Je vous conjure, mon très cher neveu, de lui vouloir bien représenter tout cela, et que la sollicitation que je lui fais n'est point de ces sollicitations mendiées auxquelles il suffit de répondre : *je verrai*. Du reste, soyez bien persuadé que c'est du fond du cœur que je suis, etc.

LETTRE CXII.

BROSSETTE A BOILEAU.

Lyon, 4 avril 1703.

Monsieur,

Votre dernière lettre me fut remise avec celle que M. votre frère prit la peine de m'écrire, en m'envoyant la sentence des requêtes du palais, rendue au sujet du fameux et immortel Lutrin. Cette sentence m'a fait beaucoup de plaisir, et elle ne me sera pas inutile dans le dessein que j'ai sur vos ouvrages. J'ai remercié M. votre frère de son attention obligeante, en lui faisant réponse au sujet d'un livre qu'il me demandoit, et que j'ai eu bien de la peine à trouver. La paraphrase que vous avez faite du vers de l'Anthologie sur l'Iliade et l'Odyssée a toute la dignité et toute la grandeur qui lui convient :

Je chantois, Homère écrivoit.

La brièveté et la noblesse de cette expression récompensent bien ce que le reste de l'épigramme peut avoir autant de prolixe. Ne pourroit-on point tourner ainsi en latin le vers grec de l'Anthologie ?

Hæc ego dum cancrem, socius scribebat Homerus.

A l'égard de vos lettres à M. Racine, et de celles que cet illustre ami vous a écrites, vous en userez comme il vous plaira. Vous savez bien que je ne voudrois pas vous faire une mauvaise demande ; mais vous devez être persuadé que je recevrai toujours avec beaucoup de joie toutes les pièces que vous trouverez à propos de me confier, et je n'en ferai jamais que l'usage qu'il vous plaira me prescrire.

Une personne qui estime infiniment et vous et vos ouvrages, m'a fait remarquer qu'en parlant du passage du Rhin par Jules-César, vous dites :

Et depuis ce Romain, dont l'insolent passage,
Sur un pont, en deux jours, trompa tous tes efforts...

Cependant César employa *dix jours*, et non pas *deux jours* à faire construire ce pont, sur lequel il fit passer son armée en Allemagne. C'est lui-même qui le dit dans ses Commentaires, liv. IV, ch. II. Plutarque appuie fort sur la même circonstance ; et Jules-César parle d'un autre passage qu'il fit environ deux années après, sans marquer le temps qu'il y employa, liv. VI. Cette différence ne fait aucun tort à votre vers, où vous pouvez mettre également *dix jours* au lieu de *deux*.

J'ai cru que vous ne seriez pas fâché de cette observation, qui dans le fond est assez indifférente, mais qui marque un peu plus d'exactitude dans le fait historique. Cette circonstance tourne même à la gloire du roi, qui a fait en un moment ce que le plus grand capitaine de l'empire romain n'a pu faire qu'en dix jours, et avec le secours d'un pont. Je suis, etc.

LETTRE CXIII.

A BROSSETTE.

Paris, 8 avril 1703.

Vous ne m'accuserez pas, monsieur, pour cette fois, d'avoir été peu diligent à vous répondre, puisque je vous écris sur-le-champ. Je suis ravi que mon frère vous ait si bien satisfait sur vos demandes, et vous ait si bien démontré que la fiction du Lutrin est fondée sur une chose très véritable. On auroit de la peine à faire voir que l'Iliade est aussi bien appuyée, puisqu'il y a encore des gens aujourd'hui qui nient que jamais Troie ait été prise; et qui doutent que Darès ni Dictys de Crête en soient des témoins fort sûrs, puisque leurs ouvrages n'ont paru que du temps de Néron, et ne sont vraisemblablement que de nouvelles fictions imaginées sur la fiction d'Homère. Il faudroit, pour le bien attester, nous rapporter quelque sentence donnée en faveur de Neptune et d'Apollon, pour obliger Laomédon à payer à ses deux *compagnons de fortune* le prix qu'il leur avoit promis pour la construction des murailles de Troie.

Je ne mérite pas les louanges que vous me donnez au sujet du vers de l'Anthologie. Permettez-moi pourtant de vous dire que vous vous abusez un peu, quand vous croyez que j'aie fait, ni voulu faire une paraphrase de ce vers, qui est même plus court dans ma copie que dans l'original, puisque j'en ai retranché l'épithète oisive de θεῖος, et que j'ai dit simplement Homère, et non point *le divin* Homère. La vérité est que j'y ai joint une petite narration assez vive, sans quoi la pensée n'est point dans son jour ; que, si cette narration vous paroît prolixe, il seroit aisé d'y donner remède, puisqu'il n'y auroit qu'à mettre à la place de la narration les paroles qu'on trouve en prose dans le recueil de l'Anthologie, au-dessus du vers ; les voici : *Paroles que disoit Apollon au sujet des ouvrages d'Homère :*

Je chantois, Homère écrivoit.

Il me paroît que c'est l'auteur même de ce vers qui les y a mises, n'ayant pu y joindre une narration qui l'amenât ; et c'est à quoi j'ai cru devoir suppléer dans ma traduction, sans aucun dessein de paraphraser un vers qui n'est excellent que par sa brièveté ; car il me semble que l'expédient dont s'est servi ce poëte a un peu de rapport à ces vieilles tapisseries où l'on écrivoit au-dessus de la tête des personnages : *c'est un homme*, *c'est un cheval*, etc. Du reste, pour la narration que vous trouvez prolixe, je ne vois pas qu'on puisse accuser de prolixité une chose qui est dite en vers en aussi peu de paroles qu'on la pourroit dire en prose. Il est vrai que cette narration est de huit vers : mais ces huit vers ne disent que ce qu'il faut précisément dire ; et s'il y en a un qui s'étende sur quelque inutilité, vous n'avez qu'à me le marquer, parceque je le retrancherai sur-le-champ. Ce ne sont pas huit bons vers qui sont longs, ce sont deux méchants vers qui le sont quelquefois à outrance : *Sed tu disticha longa facis*, dit Martial [1].

J'ai bien de la joie que ce galant homme dont vous me parlez prenne goût à mes ouvrages :

C'est à de tels lecteurs que j'offre mes écrits [2].

Il me fait plaisir même de daigner bien prendre, en les lisant, *animum censoris honesti*. Oserois-je vous dire que vous ni lui n'avez point entendu ma pensée au sujet de Jules-César ? Je n'ai jamais voulu dire que César n'ait mis que deux jours à ramasser et lier ensemble les matériaux dont il fit construire le pont sur lequel il passa le Rhin. Il

---

[1] Liv. VII, épigr. LXXVII.
[2] Épître VII, à Racine, v. 101.

n'est question dans mes vers que du temps qu'il mit à faire passer ses troupes sur ce pont, et je ne sais même s'il y employa deux jours. Le roi, quand il passa le Rhin, fit amener un très grand nombre de bateaux de cuivre, qu'on avoit été plus de deux mois à construire, et sur un desquels même M. le prince et M. le duc passèrent ; mais qu'est-ce que cela fait à la rapidité avec laquelle toutes ses troupes traversèrent le fleuve, puisqu'il est certain que toute son armée passa comme celle de Jules-César, avec tout son bagage, en moins de deux jours ? Voilà ce que veut dire le vers :

Sur un pont, en deux jours, trompa tous tes efforts...

En effet quel sens autrement pourroit-on donner à ces mots : *trompa tous tes efforts?* Le Rhin pouvoit-il s'efforcer à détruire le pont que faisoit construire Jules-César, lorsque les bateaux étoient encore sur le chantier ? Il faudroit pour cela qu'il se fût débordé ; encore auroit-il été pris pour dupe, si César avoit mis ses ateliers sur une hauteur. Vous voyez donc bien, monsieur, qu'il faut laisser *deux jours*, parceque si je mettois *dix jours* cela seroit fort ridicule ; et je donnerois au lecteur une idée absurde de César, en disant comme une grande chose qu'il avoit employé dix jours à faire passer une armée de 30,000 hommes, donnant ainsi par-là tout le temps aux Allemands qu'il leur falloit pour s'opposer à son passage. Ajoutez que ces façons de parler, *en deux jours, en trois jours,* ne veulent dire que *très promptement, en moins de rien.* Voilà, je crois, monsieur, de quoi contenter votre critique et celle de monsieur votre ami. Vous me ferez plaisir de m'en faire beaucoup de pareilles, parceque cela donne occasion, comme vous voyez, à écrire des dissertations assez curieuses. Faites-moi cependant la grace d'excuser les ratures de celle-ci, parceque ce ne seroit jamais fait s'il falloit récrire mes lettres. Je vous aurai bien de l'obligation si vous en usez de même dans les vôtres, et sur-tout si vous voulez bien rayer ces grands Monsieur que vous mettez à tous vos commencements : *volo amari, non coli.* Je suis avec beaucoup de respect, etc.

LETTRE CXIV.

BROSSETTE A BOILEAU.

Lyon, 15 mai 1703.

MONSIEUR,

Il y a quatre ou cinq jours que j'écrivis à monsieur votre frère, en lui envoyant un livre qu'il m'avoit demandé. J'aurois eu l'honneur de vous écrire en même temps, s'il m'avoit été possible; mais je n'avois pas assez de temps pour cela, ni assez de résolution : car vous êtes un homme avec qui il faut prendre tous ses avantages; encore n'est-on pas assuré de rien gagner. Je croyois vous avoir fait, dans ma précédente lettre, les objections les plus raisonnables, les plus judicieuses du monde; cependant vous me faites voir que je me suis trompé, et je suis obligé d'en convenir. Franchement, monsieur, c'est une chose mortifiante que d'avoir affaire à un homme qui a toujours raison. Je conviens donc que j'ai eu tort de confondre votre petite narration avec le vers de l'Anthologie;

Je chantois, Homère écrivoit;

qui fait, pour ainsi dire, le corps de l'épigramme, tandis que les vers précédents n'en sont que le préambule, ou l'introduction qui prépare la pensée.

Pour ce qui est du passage de Jules-César sur le Rhin, rien n'est plus juste, ni plus convaincant que les réflexions dont vous me faites part ; il n'y a pas moyen d'y résister. Mais, puisque vous m'invitez, monsieur, à vous envoyer mes petites observations, et que vous me témoignez qu'elles vous font plaisir, je me hasarde encore à vous parler de la remarque que vous avez faite de ces deux vers du Lutrin, au sujet de la guêpe :

> Tel qu'on voit un taureau, qu'une guêpe en furie
> A piqué dans les flancs, aux dépens de sa vie....
> Chant I.

Vous savez, monsieur, que j'ai eu l'honneur de vous dire à Paris que je croyois que cette application ne pouvoit convenir qu'à l'abeille, et non point à la guêpe. Tous les naturalistes conviennent que l'abeille meurt après avoir piqué. Aristote, *Histoire des animaux*, liv. III, ch. XII, et liv. IX, ch. LXIV. Virgile, au liv. IV des Géorgiques (v. 232) :

> .... Et spicula cæca relinquunt
> Adfixæ venis, animasque in vulnere ponunt.

Pline, liv. XI de *l'Hist. Nat.*, ch. xix : « Aculeum
« apibus natura dedit ventri consertum : ad unum
« ictum hoc infixo, quidam eas statim emori pu-
« tant. Aliqui non nisi in tantum adacto, ut intes-
« tini quidpiam sequatur.... est in exemplis equos
« ab iis occisos. » Scaliger raconte, à ce sujet, qu'un
soldat françois étant dans la Calabre, et ayant cour-
roucé des abeilles, pour avoir pris leur miel, elles
tuèrent ce soldat et son cheval.

Je sais par mon expérience que l'aiguillon des
abeilles demeure dans la piqûre, parcequ'il est re-
courbé et tourné en crochet vers la pointe, à-peu-
près comme un hameçon, ou comme ces flèches
barbelées de l'une desquelles Quinte-Curce dit qu'A-
lexandre fut blessé dans la ville des Oxydraques,
liv. IX, ch. v ; mais à l'égard des guêpes, leur aiguillon est tout droit et uni, comme la pointe d'une
aiguille, ce qui fait qu'il sort aussi facilement qu'il
est entré. Il en est de même des autres insectes ai-
lés et piquants, comme les bourdons et les frelons.
Pline, en parlant des guêpes, dans le chap. xxiv
du même livre, ne dit rien de leur aiguillon, ni
de la manière dont elles s'en servent ; par où il
semble les mettre à cet égard dans le rang des insectes volants, qui peuvent piquer sans s'incommoder eux-mêmes. A moins qu'on ne dise de ceux-
ci, ce que le même auteur, liv. XXIX, ch. XXIII,

dit des serpents et des autres reptiles venimeux, qu'ils ne peuvent nuire qu'une fois, et qu'ils meurent eux-mêmes, après avoir jeté leur venin.

Voilà mes observations, que je vous prie d'examiner et de corriger. Je les fais, non pas *animo censoris*, mais avec toute la docilité et la soumission d'un homme qui veut s'instruire de bonne foi; car je pense de vous ce qu'un de nos jurisconsultes, savant et poli, a dit d'un grand homme de son temps : « Familiare ejus colloquium nunquam advertenti « inane otiosumque est. » Je l'ai éprouvé moi-même, en mettant toujours à profit les moments précieux que j'ai passés auprès de vous. Je suis, etc.

LETTRE CXV.

A BROSSETTE.

Paris, 28 mai 1703.

J'arrive à Paris, d'Auteuil où je suis maintenant habitué, et où j'ai laissé votre dernière lettre que j'y ai reçue. Ainsi je vous écris, monsieur, sans l'avoir devant les yeux. Je me souviens bien pourtant que vous y attaquez fortement ce que je dis, dans mon Lutrin, de la guêpe qui meurt du coup dont elle pique son ennemi. Vous prétendez que je lui donne ce qui n'appartient qu'aux abeilles, qui *vitam in vulnere ponunt;* mais je ne vois pas pourquoi vous voulez qu'il n'en soit pas de même de la guêpe, qui est une espèce d'abeille bâtarde, que de la véritable abeille, puisque personne sur cela n'a jamais dit le contraire, et que jamais on n'a fait à mon vers l'objection que vous lui faites. Je ne vous cacherai point pourtant que je ne crois cette prétendue mort vraie, ni de l'abeille ni de la guêpe, et que tout cela n'est, à mon avis, qu'un discours populaire, dont il n'y a aucune certitude : mais il ne faut pas d'autre autorité à un poëte pour embellir son expression. Il en faut croire le bruit public sur les abeilles et sur les guêpes, comme sur le chant mélodieux des cygnes en mourant, et sur l'unité et la renaissance du phénix.

Je ne vous écris que ce mot, parceque je suis pressé de sortir pour une affaire de conséquence, et que d'ailleurs je suis dans une extrême affliction de la mort de M. Félix, premier chirurgien du roi, qui étoit, comme vous savez, un de mes meilleurs et de mes plus anciens amis. Je vous prie de bien témoigner à M. Perrichon combien je l'estime et je l'honore, et de me ménager dans son cœur, aussi bien que dans le vôtre, le remplacement d'une perte aussi considérable que celle que je viens de faire. Je vous donne le bonjour, et suis avec un très grand respect, etc.

P. S. Au nom de Dieu, ôtez de vos lettres ce Monsieur, haut exhaussé, ou j'en mettrai dans les miennes un encore plus haut.

LETTRE CXVI.

AU MÊME.

3 juillet 1703.

J'ai été, monsieur, si chargé d'affaires depuis quelque temps, et occupé de tant de chagrins étrangers et domestiques, que je n'ai pas eu le loisir de faire l'affaire qui m'est le plus agréable, je veux dire de vous écrire et de m'entretenir avec vous.

La mort de M. Félix m'a d'autant plus douloureusement touché, que c'est lui, pour ainsi dire, qui s'est tué lui-même, en se voulant sonder pour une rétention d'urine qu'il avoit. Nous nous étions connus dès nos plus jeunes ans. Il étoit un des premiers qui avoit battu des mains à mes naissantes folies, et qui avoit pris mon parti à la cour contre

M. le duc de Montausier. Il a été universellement regretté, et avec raison, puisqu'il n'y a jamais eu d'homme plus obligeant, plus magnifique, et plus noble de cœur.

Pour ce qui est de M. Perrault, je ne vous ai point parlé de sa mort, parceque franchement je n'y ai point pris d'autre intérêt que celui qu'on prend à la mort de tous les honnêtes gens. Il n'avoit pas trop bien reçu la lettre que je lui ai adressée dans ma dernière édition, et je doute qu'il en fût content. J'ai pourtant été au service que lui a fait dire l'académie, et monsieur son fils m'a assuré qu'en mourant il l'avoit chargé de me faire de sa part de grandes honnêtetés, et de m'assurer qu'il mouroit mon serviteur. Sa mort a fait recevoir un assez grand affront à l'académie, qui avoit élu, pour remplir sa place d'académicien, M. de Lamoignon votre ami; mais M. de Lamoignon a nettement refusé cet honneur. Je ne sais si ce n'est point par la peur d'avoir à louer l'ennemi de Cicéron et de Virgile. L'académie, pour laver un peu sur cela son ignominie, a élu au lieu de lui très prudemment M. le coadjuteur de Strasbourg, qui en a témoigné une fort grande reconnoissance, et qui se prépare à venir faire son compliment. Je n'ai pas l'honneur de le connoître; mais c'est un prince de beaucoup de réputation, et qui a déja brillé dans la Sorbonne, dont il est docteur. J'espère qu'il tempèrera ses paroles en faisant l'éloge de M. Perrault, que les amateurs des bons livres n'auront point sujet de s'écrier :

O sæclum insipiens et inficetum [1] !

Je mets au rang de ces amateurs M. de Puget, et j'ose me flatter que Dieu n'enlèvera pas si tôt de la terre un homme de ce mérite et de cette capacité.

Je viens maintenant à vos critiques sur mes ouvrages. Je ne sais pas sur quoi se peuvent fonder ceux qui veulent conserver le solécisme qui est dans ce vers :

Que votre ame et vos mœurs peints dans tous vos ouvrages...

M. Gibert, du collége des Quatre-Nations, est le premier qui m'a fait apercevoir de cette faute depuis ma dernière édition. Dès qu'il me la montra, j'en convins sur-le-champ avec d'autant plus de facilité, qu'il n'y a, pour la réformer, qu'à mettre, comme vous dites fort bien :

Que votre ame et vos mœurs peintes dans vos ouvrages....

ou :

Que votre esprit, vos mœurs peints dans tous vos ouvrages...

[1] CATULLE, Carm. XLIII, v. 8.

Mais pourrez-vous bien concevoir ce que je vais vous dire, qui est pourtant très véritable, que cette faute, si aisée à apercevoir, n'a pourtant été aperçue ni de moi, ni de personne avant M. Gibert, depuis plus de trente ans qu'il y a que mes ouvrages ont été imprimés pour la première fois; que M. Patru, c'est-à-dire le Quintilius de notre siècle, qui revit exactement ma Poétique, ne s'en avisa point; et que dans tout ce flot d'ennemis qui a écrit contre moi, et qui m'a chicané jusqu'aux points et aux virgules, il ne s'en est point rencontré un seul qui l'ait remarquée ? Cela vient, je crois, de ce que le mot de *mœurs* ayant une terminaison masculine, on ne fait point réflexion qu'il est féminin. Cela fait bien voir qu'il faut non seulement montrer ses ouvrages à beaucoup de gens avant que de les faire imprimer, mais que même après qu'ils sont imprimés, il faut s'enquérir scrupuleusement des critiques qu'on y fait.

Oserois-je vous dire, monsieur, que, si vous avez été fort juste sur l'observation de ce solécisme, il n'en est pas de même de votre correction de l'épigramme de l'Anthologie? et avec qui, bon Dieu! y associez-vous mon style? Avec le style de Charpentier : *Jungentur jam tigres equis*. Est-il possible que vous n'ayez pas vu que le sens de l'épigramme est, que c'est Apollon, c'est-à-dire le génie seul, qui, dans une espèce d'enthousiasme et d'ivresse, a produit l'Iliade et l'Odyssée; que c'est lui qui les a faits, et non pas simplement dictés; et que, lorsque Homère les écrivoit, à peine Apollon savoit qu'Homère étoit là? Ne concevez-vous pas, monsieur, que c'est le mot d'*ivresse* qui sauve tout, et qui fait voir pourquoi Apollon avoit tant tardé à dire aux neuf Sœurs qu'il étoit l'auteur de ces deux ouvrages, qu'il se souvenoit à peine d'avoir faits? D'ailleurs, quel air dans l'épigramme, de la manière dont vous la tournez, donnez-vous à Apollon, qui est supposé lisant cet ouvrage dans son cabinet, et se disant à lui-même : *C'est moi qui ai dicté ces vers?* Au lieu que, dans mon épigramme, il est au milieu des Muses à qui il déclare qu'elles ne se trompent pas dans l'admiration qu'elles ont de ces deux grands chefs-d'œuvre, puisque c'est lui qui les a composés dans une chaleur qui ne lui permettoit pas d'écrire, et qu'Homère les avoit recueillis. Mais me voilà à la fin de la page; ainsi, monsieur, trouvez bon que je vous dise brusquement que je suis....

LETTRE CXVII.

AU MÊME.

Auteuil, 2 août 1703.

Feu M. Patru, mon illustre ami, étoit non seulement un critique très habile, mais un très violent hypercritique, et en réputation de si grande rigidité, qu'il me souvient que, lorsque M. Racine me faisoit sur des endroits de mes ouvrages quelque observation un peu trop subtile, comme cela lui arrivoit quelquefois, au lieu de lui dire le proverbe latin : *Ne sis patruus mihi,* « n'ayez point « pour moi la sévérité d'un oncle ; » je lui disois : *Ne sis Patru mihi,* « n'ayez point pour moi la sé- « vérité de Patru ! » Je pourrois vous le dire à bien meilleur titre qu'à lui, puisque toutes vos lettres, depuis quelque temps, ne sont que des critiques de mes vers, où vous allez jusqu'à l'excès du raffinement. Vous avez reçu de moi une petite narration en rimes, que j'ai composée à la sollicitation de M. Le Verrier, pour amener un vers de l'Anthologie ; et tous ceux, à commencer par lui, à qui je l'ai communiquée, en ont été très satisfaits. Cependant, bien loin d'en être content, vous me faites concevoir qu'elle ne vaut rien ; et, sans me dire ce que vous y trouvez de défectueux, vous allez chercher dans M. Charpentier, c'est-à-dire dans les étables d'Augias, de quoi la rectifier. Ensuite vous vous avisez de trouver une équivoque dans un vers où il n'y en a jamais eu. En effet, où peut-il y en avoir dans cette façon de parler :

Approuve l'escalier tourné d'autre façon ;

et qui est-ce qui n'entend pas d'abord que le médecin architecte approuve l'escalier, moyennant qu'il soit tourné d'une autre manière ? Cela n'est-il pas préparé par le vers précédent :

Au vestibule obscur il marque une autre place ?

Il est vrai que, dans la rigueur et dans les étroites règles de la construction, il faudroit dire : *Au vestibule obscur il marque une autre place que celle qu'on lui veut donner, et approuve l'escalier tourné d'une autre manière qu'il n'est.* Mais cela se sous-entend sans peine ; et où en seroit un poëte si on ne lui passoit, je ne dis pas une fois, mais vingt fois dans un ouvrage, ces *subaudi?* Où en seroit

M. Racine si on lui alloit chicaner ce beau vers que dit Hermione à Pyrrhus, dans l'Andromaque[1] :

Je t'aimois inconstant, qu'eussé-je fait fidèle?

qui dit si bien, et avec une vitesse heureuse : *Je t'aimois lorsque tu étois inconstant ; qu'eussè-je fait, si tu avois été fidèle ?* Ces sortes de petites licences de construction, non seulement ne sont pas des fautes, mais sont même assez souvent un des plus grands charmes de la poésie, principalement dans la narration, où il n'y a point de temps à perdre. Ce sont des espèces de latinismes dans la poésie françoise, qui n'ont pas moins d'agréments que les hellénismes dans la poésie latine. Jusqu'ici cependant, monsieur, vous n'avez été que trop scrupuleux et trop rigide ; mais où étoient vos lumières quand vous avez douté si ce temple fameux, dont parle Thémis dans le Lutrin, est Notre-Dame, ou la Sainte-Chapelle ? Est-il possible que vous n'ayez pas vu que ce temple qu'elle désigne à la Piété est ce même temple dont la Piété vient de lui parler quelques vers auparavant avec tant d'emphase, et où est arrivée la querelle du Lutrin ?

J'apprends que dans ce temple où le plus saint des rois

---

[1] Acte V, scène v.

Consacra tout le fruit de ses pieux exploits,
Et signala pour moi sa pompeuse largesse,
L'implacable Discorde, etc.
Chant VI.

Comment voulez-vous que le lecteur aille songer à Notre-Dame, qui n'a point été bâtie par saint Louis, et qui est si éloignée du palais, y ayant entre elle et le palais plus de douze fameuses églises, et principalement la célèbre paroisse de Saint-Barthelemi, qui en est beaucoup plus proche? Permettez-moi de vous dire que de se faire ces objections, c'est se chicaner soi-même mal-à-propos, et ne vouloir pas voir clair en plein midi. Je ne vous parle point de la difficulté que vous me faites sur ce vers :

Que votre esprit, vos mœurs, peints dans tous vos ouvrages....

puisqu'il m'est fort indifférent que vous mettiez celui-là, ou

Que votre ame et vos mœurs, peintes dans vos ouvrages....

Il n'est pas vrai pourtant que la construction grammaticale ne soit pas dans le premier de ces deux vers, où la noblesse du genre masculin l'emporte, et qu'on ne puisse fort bien dire en françois : *Mars et les Graces étoient peints dans ce tableau*. On peut pourtant dire aussi *étoient peintes*; mais *peints* est le plus régulier : et pour ce qui est de ce que vous prétendez qu'il s'agit là de l'*ame* et non de l'*esprit*, trouvez bon que je vous fasse ressouvenir que le mot d'*esprit*, joint avec le mot de *mœurs*, signifie aussi l'ame ; et qu'un esprit bas, sordide, trigaud, etc., veut dire la même chose qu'une ame basse, sordide, etc..... Avouez donc, monsieur, que dans toutes ces critiques vous vous montrez un peu trop subtil, et que vous êtes à mon égard en cela *Patru patruissimus*. Mais je commence à m'apercevoir que je suis moi-même bien peu subtil, de ne pas reconnoître que vous les avez faites pour m'exciter à parler, et qu'il n'étoit pas nécessaire d'y répondre sérieusement. Que voulez-vous ? Un auteur est toujours un auteur, sur-tout quand on le blesse dans une partie aussi sensible que ses ouvrages imprimés : mais laissons-les là.

Je ne saurois bien vous dire pourquoi M. de Lamoignon n'a point accepté la place qu'on lui vouloit donner dans l'académie. Il m'a mandé qu'il ne pouvoit pas se résoudre à louer M. Perrault, auquel on le faisoit succéder, et dont, selon les règles, il auroit été obligé de faire l'éloge dans sa harangue ; mais c'est une plaisanterie. Quoi qu'il en soit, l'académie, à mon avis, a suffisamment réparé cet affront, en élisant à sa place M. le coadjuteur de Strasbourg, prince d'un très grand mérite et d'une très grande condition, qui en a témoigné une très grande reconnoissance, jusqu'à aller rendre exactement visite à ceux qui lui ont donné leur voix, *solatia victis*. Je suis ravi qu'un petit mot dans ma dernière lettre ait un peu contribué au rétablissement de la santé de l'illustre M. de Puget. Si mes paroles ont cette vertu magique, je ne m'en applaudirai pas moins que si elles avoient le pouvoir de faire descendre la lune du ciel, et sortir du tombeau *manes responsa daturos*. Je vous conjure donc d'employer aussi mes paroles à me conserver toujours dans le souvenir de M. Perrichon. J'ai reçu une lettre de M. de Mervezin presque en même temps qu'on m'a rendu la vôtre. Il est homme de mérite, et m'a paru plus que content de votre bonne réception. Je suis, etc.

P. S. Comme vous ne sauriez goûter mon épigramme de l'Anthologie en françois, j'ai cru vous devoir envoyer la traduction qu'en a faite en grec l'illustre et savant M. Boivin. Elle est écrite de sa main, avec quelques vers françois qu'il a imités des vers grecs d'un ancien père de l'Église, et qui sont au dos de l'épigramme. Vous jugerez, monsieur, de son double mérite. Il prétend citer quelque jour cette épigramme dans quelques notes savantes, et la faire passer pour un original tiré d'un manuscrit de la bibliothèque du roi, dont il est gardien. Je ne sais s'il fera cette folie; mais combien pensez-vous que nous avons peut-être d'ouvrages donnés de la sorte?

LETTRE CXVIII.

AU MÊME.

Auteuil, 29 septembre 1703.

J'ai été, monsieur, si accablé d'affaires depuis quelque temps, que je n'ai pas eu le loisir de faire la chose qui m'est la plus agréable, je veux dire de m'entretenir avec vous. Je m'en serois même encore dispensé aujourd'hui, si tout d'un coup, en relisant votre dernière lettre que j'ai trouvée sur ma table, je n'eusse fait réflexion que vous imputeriez peut-être mon silence au chagrin que vous croyez que j'ai conçu de vos critiques. Je vous assure pourtant que je n'en ai eu aucun, et que j'ai été d'autant moins capable d'en avoir, que j'ai bien vu, comme je vous l'ai, ce me semble, témoigné, que vous ne me les faisiez qu'afin de vous divertir et de me faire parler. J'ai trouvé un peu étrange, je l'avoue, que vous me voulussiez mettre en société de style avec Charpentier, l'un des hommes du monde avec lequel je m'accordois le moins, et qui toute sa vie, à mon sens, et même en sa vieillesse, a eu le style le plus écolier; mais cela n'a point fait que je vous aie voulu aucun mal. Et qu'ai-je fait effectivement, à propos de vos censures, autre chose que vous comparer à M. Patru et à M. Racine? Est-ce que la comparaison vous déplaît?

Pour vous montrer même combien je suis éloigné de me choquer de vos critiques, je m'en vais ici vous écrire une énigme que j'ai faite à l'âge de dix-sept ans, et qui est pour ainsi dire mon premier ouvrage. Je l'avois oubliée, et je m'en souvins le dernier jour en allant voir une maison que mon père avoit au pied de Montmartre[1], où je composai ce bel ouvrage. Je vous l'envoie afin que vous l'examiniez à la rigueur; mais, pour me venger de votre sévérité, je ne vous dirai le mot de l'énigme que la première fois que je vous écrirai, afin de me venger de la peine que vous me ferez en la censurant, par la peine que vous aurez à la deviner. La voici:

>Du repos des humains implacable ennemie,
>J'ai rendu mille amants envieux de mon sort:
>Je me repais de sang, et je trouve ma vie
>Dans les bras de celui qui recherche ma mort.

[1] A Clignancourt.

Tout ce que je puis vous dire par avance, c'est que j'ai tâché de répondre par la magnificence de mes paroles à la grandeur du monstre que je voulois exprimer. Adieu, mon cher monsieur, aimez-moi toujours, et croyez que je suis avec tout le respect et la sincérité que je dois....

LETTRE CXIX.

AU MÊME.

Paris, 7 novembre 1703.

Je ne vous ai point écrit, monsieur, depuis longtemps, parceque j'ai été un peu malade, et fort accablé d'affaires. Vous êtes un véritable OEdipe pour deviner les énigmes, et si les couronnes se donnoient aujourd'hui à ceux qui en pénètrent le sens, je suis sûr que vous ne tarderiez pas à vous voir roi de quelque bonne et grande ville. Mais, si vous avez très bien reconnu que c'étoit la *puce* que j'ai voulu peindre dans mes quatre vers, vous n'avez pas moins bien deviné, quand vous avez cru que je ne digérerois pas fort aisément l'insulte ironique que m'ont *fait* de gaieté de cœur, et sans que je leur en aie donné aucun sujet, messieurs les journalistes de Trévoux. Comme j'ai fait profession jusqu'ici de ne me point plaindre de ceux qui m'attaquent, et que je les ai toujours rendus complaignants, j'ai cru en devoir encore user de même en cette occasion, et je les ai d'abord servis d'une épigramme, ou plutôt d'une petite épître en seize vers, où je leur ai marqué ma reconnoissance sur leur fade raillerie. Je ne saurois vous dire avec combien d'applaudissements cette épître a été reçue de tout le monde; et j'ai fort bien reconnu par-là que non seulement je ne suis pas haï du public, mais qu'ils lui sont fort odieux. Je m'imagine que vous avez grande envie de voir ce petit ouvrage, et il n'est pas juste de retarder votre curiosité. Le voici :

AUX RÉVÉRENDS PÈRES AUTEURS DU JOURNAL DE TRÉVOUX.

Mes révérends pères en Dieu,
Et mes confrères en satire,
Dans vos écrits, en plus d'un lieu,
Je vois qu'à mes dépens vous affectez de rire ;
Mais ne craignez-vous point que, pour rire de vous,
Relisant Juvénal, refeuilletant Horace,
Je ne ranime encor ma satirique audace?
    Grands aristarques de Trévoux,
N'allez point de nouveau faire courir aux armes

Un athléte tout prêt à prendre son congé,
Qui, par vos traits malins au combat rengagé,
Peut encore aux rieurs faire verser des larmes.
 Apprenez un mot de Regnier,
 Notre célèbre devancier :
 « Corsaires attaquant corsaires
 « Ne font pas, dit-il, leurs affaires. »

Au reste, comme ils ne m'ont pas attaqué seu[l]
et qu'ils ont traité très indignement mon frère,
sujet du livre des Flagellants, je me suis cru obli[gé]
de le défendre contre la mauvaise foi avec laque[lle]
ils l'accusent, eux et M. Thiers[1], d'avoir attaq[ué]
la discipline en général, quoiqu'il n'en repren[ne]
que le mauvais usage ; c'est ce que je fais voir p[ar]
l'épigramme suivante, qui court aussi déja [dans le] monde :

AUX PÈRES JOURNALISTES DE TRÉVOUX.

Non, le livre des Flagellants
N'a jamais condamné, lisez-le bien, mes pères,
 Ces rigidités salutaires
Que, pour ravir le ciel, saintement violents,
Exercent sur leurs corps tant de chrétiens austères.

---

[1] Jean-Baptiste Thiers, théologien, né à Chartres [en]
1636, mort en 1703, a composé, outre la critique d[ont]
parle Despréaux, les Traités des superstitions, des p[er]ruques, des cloches, etc.

Il blâme seulement cet abus odieux
    D'étaler et d'offrir aux yeux
Ce que leur doit toujours cacher la bienséance ;
Et combat vivement la fausse piété,
Qui, sous couleur d'éteindre en nous la volupté,
Par l'austérité même et par la pénitence
Sait allumer le feu de la lubricité.

Cette épigramme n'est pas si bonne que la précédente. Elle dit pourtant assez bien ce que je veux dire, et défend parfaitement mon frère de la chose dont on l'accuse. Je ne sais pas ce que messieurs les journalistes répondront à cela ; mais, s'ils m'en croient, ils profiteront du bon avis que je leur donne par la bouche de Regnier, notre commun ami. Je n'ai pas vu jusqu'ici que ceux qui ont pris à tâche de me décrier y aient réussi. Ainsi je leur puis dire avec Horace :

Nec quisquam noceat cupido mihi pacis ! at ille
Qui me commorit (melius non tangere, clamo),
Flebit, et insignis tota cantabitur urbe [1].

Ce qu'il y a de certain, c'est que tout le tort est de leur côté. La vérité est que je me déclare dans mes ouvrages ami de M. Arnauld, mais en même temps je me déclare aussi ami *des écrivains de l'école d'I-*

---

[1] Liv. II, sat. 1, v. 44.

gnace, et partant je suis tout au plus un *molino-jansèniste*. C'est ce que je vous prie de bien faire entendre à vos illustres amis les jésuites de Lyon, que je ne confondrai jamais avec ceux de Trévoux, quoiqu'on me veuille faire entendre que tous les jésuites sont un corps homogène; et que qui remue une des parties de ce corps remue toutes les autres ; mais c'est de quoi je ne suis point encore parfaitement convaincu. Quoi qu'il en soit, il ne s'agit point en notre querelle d'aucun point de théologie ; et je ne sais point comment messieurs de Trévoux pourront me faire jansèniste pour avoir soutenu qu'on ne doit point étaler aux yeux ce que leur doit toujours cacher la bienséance. Ce *que je* vous prie sur-tout, c'est de bien faire ressouvenir M. Perrichon de la sincère estime que j'ai pour lui. Je suis....

LETTRE CXX.

A M.***

Comme je n'avois point eu de vos nouvelles, monsieur, je me suis engagé à une autre partie que celle que vous m'avez proposée. Pour les épigrammes, il n'y a plus de mesures à garder, puisque, grace à l'indiscrétion, ou plutôt à l'envie de me faire valoir, de notre illustre ami, elles sont maintenant dans les mains de tout le monde. D'ailleurs, on n'y fait plus actuellement que des critiques que je ne sens point, et qui sont par conséquent mauvaises; car à quoi je reconnois une bonne critique, c'est quand je la sens, et qu'elle m'attaque par l'endroit dont je me défiois. C'est alors que je songe tout de bon à corriger, regardant celui qui la fait comme un excellent connoisseur, et tel que le censeur que je propose dans mon Art poétique en ces termes :

> Faites choix d'un censeur solide et salutaire,
> Que la raison conduise, et le savoir éclaire ;
> Et dont le crayon sûr d'abord aille chercher
> L'endroit que l'on sent foible, et qu'on se veut cacher.
>   Chant IV.

Du reste, je m'inquiète peu de toutes ces frivoles objections qui se font contre les bons ouvrages naissants. Cela ne dure guère, et l'on est tout étonné souvent que l'endroit que l'on condamnoit *devient* le plus estimé. Cela est arrivé sur ces deux vers de la satire des femmes :

> Et tous ces lieux communs de morale lubrique

Que Lulli réchauffa des sons de sa musique....

contre lesquels on se déchaîna d'abord, et qui passent aujourd'hui pour les meilleurs de la pièce. Il en arrivera de même, croyez-moi, du mot de *lubricité* dans mon épigramme sur le livre des Flagellants; car je ne crois pas avoir jamais fait quatre vers plus sonores que ceux-ci :

>   Et ne sauroit souffrir la fausse piété,
>   Qui, sous couleur d'éteindre en nous la volupté,
>   Par l'austérité même et par la pénitence,
>   Sait allumer le feu de la lubricité.

Cependant M. de Termes ne s'accommode pas, dites-vous, du mot de lubricité. Eh bien! qu'il en cherche un autre. Mais moi, pourquoi ôterois-je un mot qui est dans tous les dictionnaires au rang des mots les plus usités? Où en seroit-on, si l'on vouloit contenter tout le monde?

>   Quid dem? Quid non dem? Renuis tu quod jubet alter

Tout le monde juge, et personne ne sait juger. Il en est de même que de la manière de lire. Il n'y a personne qui ne croie lire admirablement, et il n'y a presque point de bons lecteurs. Je suis votre très humble, etc.

---

[1] HORACE, liv. II, ép. II, v. 63.

LETTRE CXXI.

A BROSSETTE.

Paris, 7 décembre 1703.

J'ai tardé jusqu'à l'heure qu'il est, monsieur, à vous écrire, parceque j'attendois pour le faire que messieurs de Trévoux eussent répondu à mes épigrammes dans leur nouveau volume, afin de voir et de vous mander si j'avois la guerre ou non avec ces bons pères; mais étant demeurés dans le silence à mon égard, voilà toutes nos querelles finies, et vous pouvez assurer messieurs les jésuites de Lyon que je ne dirai plus rien contre aucun de leur compagnie, dans laquelle, quoique extrêmement ami de la mémoire de M. Arnauld, j'ai encore d'illustres amis, et entre autres le père de La Chaise, le père Bourdaloue, et le père Gaillard. Car pour ce qui regarde le démêlé sur la grace, c'est sur quoi je n'ai point pris parti, étant tantôt d'un sentiment, et tantôt d'un autre. De sorte que, m'étant quelquefois couché janséniste tirant au calviniste, je suis tout étonné que je me réveille moliniste approchant du pélagien. Ainsi, sans les condamn[er] ni les uns ni les autres, je m'écrie avec saint Au[gustin : *O altitudo sapientiæ!* mais, après avo[ir] quelquefois en moi-même traduit ces paroles pa[r] *Oh que Dieu est sage!* j'ajoute aussi en même temp[s] *Oh que les hommes sont fous!* Je m'imagine qu[e] vous entendez bien pourquoi cette dernière excla[mation, et que vous n'y comprenez pas un pe[tit] nombre de volumes.

Mais pour répondre maintenant à la questi[on] que vous me faites sur la prononciation du mot [de] *Trévoux*, et s'il faut un accent sur la pénultième[,] je vous dirai que c'est vous qui avez entièreme[nt] raison, et que ma faute vient de ce que je n'av[ais] jamais entendu prononcer le nom de cette vill[e] avant les journaux de messieurs de Trévoux. Tro[u]vez bon que je ne vous écrive rien davantage [qu']ordinaire, parceque le retour de M. de Valinco[ur] de l'armée navale m'a surchargé d'occupations. A[i]mez-moi toujours, croyez que je vous rends la pa[reille, et soyez bien persuadé que je suis très pa[s]sionnément....

LETTRE CXXII.

A M. LE VERRIER [1].

.... 1703.

N'êtes-vous plus fâché, monsieur, du peu de complaisance que j'eus hier pour vous? Non sans doute vous ne l'êtes plus; et je suis persuadé qu'à l'heure qu'il est vous goûtez toutes mes raisons. Supposé pourtant que votre colère dure encore, je m'offre d'aller aujourd'hui chez vous à midi et demi vous prouver, le verre à la main, par plus d'un argument en forme, qu'un homme comme

---

[1] Le même qui acheta la maison de Boileau à Auteuil. « Vous y serez toujours chez vous, lui disoit Le Verrier; « et j'exige que vous y conserviez une chambre et que « vous veniez souvent l'habiter. » Quelques jours après la vente, Boileau y retourne en effet, entre dans le jardin; et n'y trouvant plus un berceau qu'il aimoit, il appelle Antoine. « Qu'est devenu mon berceau? — Abattu par « l'ordre de M. Le Verrier. — Je ne suis plus le maître « ici; qu'y viens-je faire? » Et il remonta à l'instant même en voiture. Ce fut son dernier voyage à Auteuil.

moi n'est point obligé de préférer son plaisir à sa santé, ni de demeurer à souper, même avec la meilleure compagnie du monde, quand il sent que cela le pourroit incommoder, et quand il a pour s'en excuser soixante et six raisons, aussi bonnes et aussi valables que celles que la vieillesse avec ses doigts pesants m'a jetées sur la tête. Et, pour commencer ma preuve, je vous dirai ces vers d'Horace à Mécénas :

> Quam mihi das ægro, dabis ægrotare timenti,
> Mæcenas, veniam [1].

En cas donc que vous vouliez que j'achève ma démonstration, mandez-moi

> Si validus, si lætus eris, si denique posces [2].

Autrement, ordonnez qu'on ne m'ouvre point chez vous. J'aime encore mieux n'y point entrer que d'y être mal reçu. Au reste, j'ai soigneusement relu votre plainte contre les Tuileries, et j'y ai trouvé des vers si bien tournés, que franchement en les lisant je n'ai pu me défendre d'un moment de jalousie poétique contre vous; de sorte qu'en la remaniant j'ai plutôt songé à vous surpasser qu'à

---

[1] Liv. I, épît. VII, v. 4.
[2] Liv. I, épît. XIII, v. 3.

vous réformer. C'est cette jalousie qui m'a fait mettre la piéce en l'état où vous l'allez voir. Prenez la peine de la lire.

PLAINTE CONTRE LES TUILERIES.

Agréables jardins, où les Zéphyrs et Flore
Se trouvent tous les jours au lever de l'aurore;
Lieux charmants, qui pouvez dans vos sombres réduits
Des plus tristes amants adoucir les ennuis,
Cessez de rappeler dans mon ame insensée
De mon premier bonheur la gloire enfin passée.
Ce fut, je m'en souviens, dans cet antique bois
Que Philis m'apparut pour la première fois;
C'est ici que souvent, dissipant mes alarmes,
Elle arrêtoit d'un mot mes soupirs et mes larmes;
Et que, me regardant d'un œil si gracieux,
Elle m'offroit le ciel ouvert dans ses beaux yeux.
Aujourd'hui cependant, injustes que vous êtes,
Je sais qu'à mes rivaux vous prêtez vos retraites,
Et qu'avec elle assis sur vos tapis de fleurs,
Ils triomphent, contents de mes vaines douleurs.
Allez, jardins dressés par une main fatale,
Tristes enfants de l'art du malheureux Dédale,
Vos bois, jadis pour moi si charmants et si beaux,
Ne sont plus qu'un désert, refuge des corbeaux,
Qu'un séjour infernal, où cent mille vipères,
Tous les jours en naissant assassinent leurs mères.

Je ne sais, monsieur, si dans tout cela vous reconnoîtrez votre ouvrage, et si vous vous accommoderez des nouvelles pensées que je vous prête. Quoi qu'il en soit, faites-en tel usage que vous jugerez à propos ; car, pour moi, je vous déclare que je n'y travaillerai pas davantage. Je ne vous cacherai pas même que j'ai une espèce de confusion d'avoir, par une molle complaisance pour vous, employé quelques heures à un ouvrage de cette nature, et d'être moi-même tombé dans le ridicule dont j'accuse les autres, et dont je me suis si bien moqué par ces vers de la satire à mon esprit :

> Faudra-t-il de sang-froid, et sans être amoureux,
> Pour quelque Iris en l'air faire le langoureux,
> Lui prodiguer les noms de Soleil et d'Aurore,
> Et toujours bien mangeant, mourir par métaphore [1].

Ce qu'il y a de sûr, c'est que je ne retomberai plus dans une pareille foiblesse, et que c'est à ce vers d'amourettes, bien plus justement qu'à ceux de ma pénultième épître, qu'aujourd'hui je dis très sérieusement :

> Adieu, mes vers, adieu pour la dernière fois.

Du reste, je suis parfaitement votre, etc.

[1] Satire IX.

LETTRE CXXIII.

A BROSSETTE.

Paris, 25 janvier 1704.

Ce n'est pas, monsieur, à un homme qui a tort à se plaindre d'un homme qui a raison. Cependant vous trouverez bon que je ne m'assujettisse pas aujourd'hui à cette régle, et que, tout coupable que je suis de négligence à votre égard, je ne laisse pas de me plaindre de votre peu de diligence depuis quelque temps à m'écrire. Quoi! monsieur, laisser passer tout le mois de janvier sans me souhaiter, du moins par un billet, la bonne année? Cela se peut-il souffrir? Vous me direz que j'ai bien laissé passer le mois de novembre et celui de décembre pour répondre à deux lettres que j'ai reçues de vous; mais doit-on se régler sur un paresseux de ma force, et pouvez-vous vous dire un homme exact, si vous ne l'êtes que deux fois plus que moi? Sérieusement, je suis fort en peine de n'avoir point eu depuis très long-temps de vos nouvelles. Auriez-vous été indisposé? C'est ce que j'appréhenderois le plus. Faites-moi donc la grace de me rassurer sur ce point, et de me dire pourquoi dans votre dernière lettre vous ne parlez point de mon accommodement avec messieurs de Trévoux. Cet accommodement est maintenant complet, et le père Gaillard est venu, de la part de messieurs les jésuites de Paris, témoigner à mon frère le chanoine qu'on avoit fort lavé la tête à ces aristarques indiscrets, qui assurément ne diroient plus rien contre moi.... Je suis avec beaucoup de sincérité et de reconnoissance....

LETTRE CXXIV.

AU MÊME.

Auteuil...... 1704.

Vous êtes, monsieur, l'ami du monde le plus commode pour un paresseux comme moi, puisque, dans le temps même que je ne sais comment vous demander pardon de ma négligence, vous me faites vous-même des excuses, et vous déclarez le négligent de nous deux; je n'ai pourtant pas oublié que c'est moi qui ai manqué à répondre à plusieurs de vos lettres, et, entre autres, à celles où vous m'assurez que vous avez vu à Lyon mon dialogue des romans imprimé. Je ne sais pas même comment j'ai pu tarder si long-temps à vous détromper de cette erreur, ce dialogue n'ayant jamais été écrit, et ce que vous avez lu ne pouvant sûrement être un ouvrage de moi. La vérité est que, l'ayant autrefois composé dans ma tête, je le récitai à plusieurs personnes qui en furent frappées, et qui en retinrent quantité de bons mots. C'est de quoi on a vraisemblablement fabriqué l'ouvrage dont vous me parlez; et je soupçonne fort M. le marquis de Sévigné[1] d'en être le principal auteur, car c'est lui qui en a retenu le plus de choses. Mais tout cela, encore un coup, n'est point mon dialogue, et vous en conviendrez vous-même, si vous venez à Paris, quand je vous en réciterai des endroits. J'ai jugé à propos de ne le point donner au public pour des raisons très légitimes, et que je suis persuadé que vous approuverez; mais cela n'empêche pas que je ne le retrouve encore fort bien dans ma mémoire, quand je voudrai un peu y rêver, et que je vous en dise assez pour enrichir votre commentaire sur mes ouvrages.

Je suis bien aise que mon frère vous ait écrit le

---

[1] Fils de la célèbre marquise de Sévigné.

détail de notre accommodement avec messieurs de Trévoux. Je n'ai pas eu de peine à donner les mains à cet accord.

Aujourd'hui vieux lion, je suis doux et traitable[1].

Et d'ailleurs, quoique passionné admirateur de l'illustre M. Arnauld, je ne laisse pas d'estimer infiniment le corps des jésuites, regardant la querelle qu'ils ont eue avec lui sur Jansénius comme une vraie dispute de mots, où l'on ne se querelle que parcequ'on ne s'entend point, et où l'on est hérétique de part et d'autre. Adieu, mon cher monsieur, faites bien mes compliments à M. Perrichon et à tous nos autres illustres amis de l'hôtel-de-ville de Lyon, et croyez qu'on ne peut être avec plus de sincérité et de respect que je le suis....

LETTRE CXXV.

JEAN-BAPTISTE ROUSSEAU A BOILEAU.

Vous me dîtes, monsieur, la dernière fois que j'eus l'honneur de vous voir, que vous n'aviez point

[1] Epître v.

l'édition qui a été faite en Hollande, de votre dialogue sur les romans. J'en ai cherché un exemplaire, que j'ai fait copier par un homme véritablement qui seroit excellent pour écrire sous un ministre les secrets de l'état. J'ai corrigé du mieux que j'ai pu les fautes de ce rare copiste, et je souhaite que vous persistiez dans le dessein de corriger celles qui appartiennent aux personnes qui ont fait imprimer l'ouvrage même. Tel qu'il est, je ne connois personne qui n'eût été frappé des plaisanteries ingénieuses qui y sont répandues. Il n'y a que vous au monde qui soyez capable de faire sentir, dans un aussi petit nombre de pages, tout le ridicule d'une infinité prodigieuse de gros volumes; et on ne croira jamais que vous ayez pu mieux faire, à moins que vous ne fassiez voir la pièce telle que vous l'avez composée [1]. Vous ne devez point refuser cette satisfaction au public. Je suis, etc.

---

[1] Ce fut ce qui l'obligea à donner lui-même ce dialogue. (L. R.)

LETTRE CXXVI.

A BROSSETTE.

Auteuil, 15 juin 1704.

Je suis bien honteux, monsieur, d'avoir été si long-temps sans répondre à vos obligeantes lettres. Cependant je ne laisse pas d'être fâché d'avoir d'aussi bonnes excuses que celles que j'ai à vous en faire : car, outre que j'ai été extrêmement incommodé d'un mal de poitrine, qui non seulement ne me permettoit pas d'écrire, mais qui ne me laissoit pas même l'usage de la respiration, la suppression subite qui s'est faite des greffiers de la grand'chambre, et qui va mettre une de mes nièces à l'hôpital, avec son mari et ses trois enfants, m'a jeté dans une consternation qui n'excuse que trop justement mon silence. Je ne vous entretiendrai point du détail de cette affaire. Tout ce que je puis vous dire, c'est que les prospérités de la France coûtent cher au greffe, et que, si cela continue, j'ai bien peur que les trois quarts du royaume ne s'en aillent à l'hôpital couronnés de lauriers. Il faut pourtant tout espérer de Dieu et de la prudence du roi.

Vous m'avez fait plaisir de me mander les miracles du jésuite Romeville. Je ne sais pas s'il a ressuscité des morts et fait marcher des paralytiques; mais le plus grand miracle, à mon avis, qu'il pourroit faire, ce seroit de convenir que M. Arnauld étoit le plus grand personnage et le plus véritable chrétien qui ait paru depuis longtemps dans l'Église, et de désavouer les exécrables maximes de tous les nouveaux casuistes. Alors je lui crierois : *Hosanna in excelsis! beatus qui venit in nomine Domini!*

J'ai bien de la joie que vous vous érigiez en auteur par un aussi bon et aussi utile ouvrage que celui dont vous m'avez envoyé le titre. J'ai naturellement peu d'inclination pour la science du droit civil, et il m'a paru, étant jeune et voulant l'étudier, que la raison qu'on y cultivoit n'étoit point la raison humaine et celle qu'on appelle bon sens, mais une raison particulière, fondée sur une multitude de lois qui se contredisent les unes les autres, et où l'on se remplit la mémoire sans se perfectionner l'esprit. Je me souviens même que dans ce temps-là je fis sur ce sujet des vers latins qui commençoient par

O mille nexibus non desinentium

Fecunda rixarum parens!
Quid intricatis juribus jura impedis?

J'ai oublié le reste. Il m'est pourtant encore demeuré dans la mémoire que j'y comparois les lois du Digeste aux dents du dragon que sema Cadmus, et dont il naissoit des gens armés qui se tuoient les uns les autres. La lecture du livre de M. Domat [1] m'a fait changer d'avis, et m'a fait voir dans cette science une raison que je n'y avois point vue jusque-là. C'étoit un homme admirable. Je ne suis donc point surpris qu'il vous ait si bien distingué, tout jeune que vous étiez [2]. Vous me faites grand honneur de me comparer à lui, et de mettre en parallèle un misérable faiseur de satires avec le restaurateur de la raison dans la jurisprudence. On m'a dit qu'on le *cite* déjà tout haut dans les plaidoiries, comme Balde et Cujas [3], et on a raison : car, à mon sens, il vaut mieux qu'eux. Je vous en dirois davantage, mais permettez que, dans le chagrin où je suis, je me hâte de vous assurer que je suis, etc.

[1] Le Traité sur *les lois civiles, dans leur ordre naturel.*

[2] Brossette étudioit en droit à Paris, en 1691, avec les deux fils de Domat.

[3] Deux jurisconsultes célèbres.

LETTRE CXXVII.

A M. DE LA CHAPELLE.

Paris, 10 juillet 1704.

J'ai reçu, mon très cher et très exact neveu, mon ordonnance. Elle est en très bonne forme, mais plût à Dieu que vous la pussiez aussi bien faire payer que vous la savez faire expédier ! Il y a tantôt dix mois que je suis à solliciter le paiement de la précédente, et qu'on répond au trésor royal : *Il n'y a point d'argent*, sans même me faire espérer qu'il y en aura. Si cela dure, je vois bien qu'au lieu de louis d'or je vais amasser dans mon coffre quantité de beaux modèles de lettres financières, et qui pourront être de quelque utilité à ceux à qui je voudrai les prêter pour les copier. Voilà les fruits de la guerre [1] :

---

[1] Louis XIV soutenoit sur plusieurs points de l'Europe une guerre formidable, pour maintenir sur le trône d'Espagne Philippe V, son petit-fils. Les craintes de Despréaux étoient loin d'être exagérées : la France n'eut pas

Impius hæc tam culta novalia miles habebit[1] !

Je vous donne le bonjour, et suis passionnément...

~~~~~~

ÉPITRE

ADRESSÉE A DESPRÉAUX PAR HAMILTON,[2],
QUI NE S'ÉTOIT POINT NOMMÉ.

De Maintenon, 1704.

Des bords de la rivière d'Eure,
Lieux où, pour orner la nature,

seulement à regretter des succès ruineux, elle n'offrit bientôt qu'une longue suite de revers. Le poëte qui avoit chanté ses conquêtes mourut avec la douleur de la voir épuisée, et réduite à proposer vainement les conditions d'une paix humiliante.

[1] VIRGILE, égl. I, v. 71.
[2] Connu dans les lettres par ses MÉMOIRES DE GRAMMONT. « C'est de tous les livres frivoles, dit La Harpe, « le plus agréable et le plus ingénieux; c'est l'ouvrage « d'un esprit léger et fin, accoutumé, dans la corruption « des cours, à ne connoître d'autre vice que le ridicule; « à couvrir les plus mauvaises mœurs d'un vernis d'élé-

L'art fit jadis quelque fracas;
De ces lieux, aujourd'hui brillants de mille appas,
　　Gens qui n'estiment point Voiture,
　　M'ont engagé dans l'embarras
　　D'un nouveau genre d'écriture,
　　Dont vous ferez fort peu de cas,
　　Et que l'écrivain du *Mercure*,
Pour grossir le recueil de ses galants fatras,
　　Trouveroit d'un style trop bas :
　　On veut que je vous prouve en rime,
　　Moi qui n'en suis qu'à l'alphabet,
Que pour ces lieux charmants où chacun vous estime,
Vous devez pour un temps et quitter le sublime,
　　Et vous arracher à *Babet*[1].
En vain je m'en défends; on ne veut point d'excuse;
Écrivez, me dit-on; peut-on être en défaut,
Quand du gentil Voiture on révère la muse
　　Et les prologues de Quinault ?
　　Révolté contre l'ironie,
Je soutiens par dépit, en termes absolus,
　　Que j'aime l'auteur d'*Uranie*[2],

« gance ; à rapporter tout au plaisir et à la gaieté......
« L'art de raconter les petites choses de manière à les
« faire valoir beaucoup y est dans sa perfection. »

[1] La gouvernante de Despréaux.
[2] Le sonnet de Voiture pour *Uranie*.

Jusque dans ses *lanturelus* [1] ;
Que ses rondeaux sont au-dessus
De la taurique Iphigénie [2],
Et des vacarmes rebattus
Que vient faire dans sa manie
La belle-fille d'Égyptus [3].
Mais par ce discours inutile
Ayant attiré leur courroux,
D'une manière plus docile
Je leur dis : à quoi songez-vous ?
L'art de rimer, pour moi, fut toujours un mystère ;
Et, dans nos efforts superflus,
Inspirez-moi les vers que je ne sais point faire,
Ou permettez-moi de me taire,
Sans prendre, en dépit de Phébus,
Une route si téméraire ;
Assez d'idylles, de rébus,
De bouts-rimés et d'impromptus
Excitent par-tout sa colère.

[1] *Lanturlu*, qui est le véritable mot, est un refrain de chanson. Voiture s'en est servi d'une manière assez heureuse dans des couplets sur les affaires du temps, pendant la régence d'Anne d'Autriche.

[2] ORESTE ET PYLADE, tragédie de La Grange-Chancel, représentée le 11 décembre 1697.

[3] L'HYPERMNESTRE de Riupeirous, jouée pour la première fois le 1er avril 1704.

Est-il pour vous si nécessaire
De renchérir sur ces abus ?
Ce n'est qu'aux lieux où l'indolence,
Dans la retraite et dans l'aisance,
Ignore jusqu'aux moindres maux ;
Ce n'est qu'aux lieux où, dans un plein repos,
Le jugement et l'élégance,
Du bon goût tenant la balance,
Pèsent le choix de tous les mots ;
Ce n'est enfin que parmi ces coteaux
Où Phébus à longs traits répand son influence,
Que l'harmonieuse cadence
Fait naître la rime à propos ;
Et cet art n'a de résidence
Que chez l'illustre Despréaux.
Chez nous, chétifs rimeurs, le dieu des vers, de glace,
N'échauffe qu'en pointe de vin,
Ou bien quand un couplet malin
Peint quelque Iris à triste face ;
Mais sur Auteuil, comme au Parnasse,
Il épanche son feu divin.
C'est là que près de lui tient la première place
Cet élève fameux qui chanta le Lutrin,
Qui le premier ouvrit tous les trésors d'Horace,
Qui des replis obscurs du grec et du latin
Démêla Juvénal, développa Longin,
Déguisé sous l'ignoble crasse

Des traducteurs de chez Barbin.
Tels chantres ont le goût trop fin
Pour espérer qu'ils fassent grace
A des vers qui sont de la classe
Des madrigaux de Trissotin.
Nous donc qu'un même sort menace,
Pour éviter même disgrace,
A nos sornettes mettons fin :
Notre Pégase est un roussin
Que la moindre traite embarrasse,
Et qui, bronchant dès la préface,
Est rétif à moitié chemin.

LETTRE CXXVIII.

AU COMTE DE GRAMMONT [1].

A Paris, ce 13 octobre 1704.

Je ne sais pas, monseigneur, comme vous l'entendez ; mais il me semble que c'est le poëte qui doit écrire de belles lettres au duc et pair, et non point le duc et pair au poëte. D'où vient donc que

[1] Le héros des MÉMOIRES dont nous venons de parler.

vous avez songé à m'en écrire une? Est-ce que vous vouliez m'apprendre mon métier, et que vous pensiez savoir mieux que moi où il faut placer les belles figures et les comparaisons du soleil? La vérité est cependant que votre plume a mieux fait que vous, et non seulement ne s'est point guindée pour me dire de belles choses, mais, en me disant des choses très badines, m'a autorisé à vous en dire de pareilles; c'est de quoi je m'accommode fort, et dont je saurai très bien user. Oserai-je néanmoins vous dire que votre lettre, en me réjouissant fort, m'a pourtant chagriné, puisque je vous croyois entièrement guéri, et que c'est par elle que j'ai appris que vous étiez encore sous la conduite d'Esculape? Oh! le fâcheux dieu! Il ne parle jamais que de sobriété et d'abstinences; et nous autres beaux esprits, quoique ses frères en Apollon, nous ne le pouvons plus souffrir, sur-tout depuis qu'il n'a plus voulu entreprendre de guérir messieurs de... de la folie de juger des ouvrages. Je le tiens de la faculté: je lui pardonne pourtant volontiers la défense qu'il vous a faite de m'écrire de belles lettres; mais non pas de m'écrire, comme vous faites, tout ce qui vient au bout de la plume, et sur-tout de m'assurer que madame de N.... et madame de Q.... me font l'honneur de se souvenir de moi. Cela ne s'appelle point *magno conatu magnas nugas*, puisque c'est au contraire une chose très aisée à dire, et qui me fait un plaisir très sérieux.

Mais, monseigneur, à propos de belles choses, quel est donc le nouvel habitant de Maintenon qui m'a écrit la lettre en vers que vous m'avez fait l'honneur de m'envoyer?

Quis novus hic *vestris* successit sedibus hospes [1] ?

Je n'ai pas l'honneur de le connoître; mais, supposé qu'il y ait chez vous beaucoup de pareils habitants, je ne doute point que les muses n'abandonnent dans peu les rives du Permesse, pour s'aller habituer aux bords de la rivière d'Eure. Il a raison de soutenir le parti de Voiture, puisqu'il lui ressemble beaucoup, et qu'en le défendant il défend sa propre cause, aux pointes près, dont je ne le vois pas fort amoureux. J'ose vous prier, monseigneur, de lui bien témoigner l'estime que je fais de lui, et la reconnoissance que j'ai de l'estime qu'il fait de moi. Mais de quoi je vous conjure encore davantage, c'est de bien marquer à madame de N.... et à madame de Q.... la sincère vénération que j'ai pour elles, et de croire qu'il n'y a personne qui soit avec plus de sincérité et de respect que moi, monseigneur, votre très humble, etc.

[1] Énéide, liv. IV, v. 10.

LETTRE CXXIX.

A BROSSETTE.

Paris, 13 décembre 1704.

Je suis si coupable, monsieur, à votre égard, que je sens bien que, si je voulois faire mon apologie, il me faudroit plus d'une fois relire mon Aristote et mon Quintilien, et y chercher des figures propres à bien mettre en jour un procès et une maladie que j'ai eus, et qui m'ont empêché de répondre aux lettres obligeantes et judicieuses que vous m'avez fait l'honneur de m'écrire; mais, comme je suis sûr de mon pardon, je crois que je ferai mieux de ne me point amuser à ces vains artifices, et de vous dire, comme si de rien n'étoit, après vous avoir avoué ma faute, que je suis confus des bontés que vous me marquez dans votre dernière lettre. J'admire la délicatesse de votre conscience, et le soin que vous prenez de m'y fournir des armes contre vous-même, au sujet de la critique que vous m'avez faite sur la piqûre de la guêpe. Je n'avois garde de me servir ces armes, puisque franchement je ne savois rien, avant votre lettre, du fait que vous m'y apprenez. Je suis ravi que ce soit à M. de Puget que je doive ma disculpation, et je vous prie de le bien marquer dans votre commentaire sur le Lutrin; mais sur-tout je vous conjure de bien témoigner à cet excellent homme l'estime que je fais de lui et de ses découvertes dans la physique. Je vois bien qu'il a en vous un merveilleux disciple; mais dites-moi comment vous faites pour passer si aisément de l'étude de la nature à l'étude de la jurisprudence, et pour être en même temps si digne sectateur de M. de Puget et de M. Domat.

Il n'y a rien de plus savant et de plus utile que votre livre sur *les titres du droit civil et du droit canonique;* et bien que j'aie naturellement, comme je vous l'ai déja dit, une répugnance à l'étude du droit, je n'ai pas laissé de lire plusieurs endroits de votre ouvrage avec beaucoup de satisfaction. Vous m'avez fait un grand plaisir de me l'envoyer, et je voudrois bien vous pouvoir faire un présent de ma façon, qui pût, en quelque sorte, égaler le prix de votre livre; mais cela n'étant pas possible, je crois que vous voudrez bien vous contenter de deux épigrammes nouvelles que j'ai composées dans quelques moments de loisir. Ne les regardez pas avec des yeux trop rigoureux, et songez qu'elles sont d'un homme de soixante-sept ans. Les voici :

ÉPIGRAMME

SUR UN HOMME QUI PASSOIT SA VIE A CONTEMPLER SES HORLOGES.

> Sans cesse autour de six pendules,
> De deux montres, de trois cadrans,
> Lubin, depuis trente et quatre ans,
> Occupe ses soins ridicules.
> Mais à ce métier, s'il vous plaît,
> A-t-il acquis quelque science?
> Sans doute; et c'est l'homme de France
> Qui sait le mieux l'heure qu'il est.

AUTRE

A M. LE VERRIER,

SUR LES VERS DE SA FAÇON QU'IL A FAIT METTRE AU BAS DE MON PORTRAIT, GRAVÉ PAR DREVET.

> Oui, Le Verrier, c'est là mon fidèle portrait,
> Et l'on y voit à chaque trait
> L'ennemi des Cotins tracé sur mon visage;
> Mais dans les vers altiers qu'au bas de cet ouvrage,
> Trop enclin à me rehausser,
> Sur un ton si pompeux tu me fais prononcer,
> Qui de l'ami du vrai reconnoîtra l'image?

Voilà, monsieur, deux diamants du temple que je vous envoie pour un livre plein de solidité et de richesses. Vous en ferez tel usage que vous jugerez à propos, et même, si vous voulez, un très indigne usage. Cependant je vous prie de croire que c'est du fond du cœur que je suis à outrance, etc.

LETTRE CXXX.

AU MÊME.

Paris, 12 janvier 1705.

Je vous envoie, monsieur, le portrait dont il est question. M. Le Verrier, qui vous en fait présent, vouloit l'accompagner d'une lettre de compliment de sa main; mais dans le temps qu'il l'écrivoit, on l'a envoyé chercher de la part de M. Desmarets[1], et je me suis chargé de l'excuser envers vous. Il m'a assuré pourtant qu'il vous écriroit au premier jour par la poste. Ainsi sa lettre arrivera peut-

---

[1] Eléve et neveu de Colbert, Desmarets occupoit alors l'une des deux charges de directeurs des finances, créées en 1701.

être avant celle-ci, que je vous envoie par la voie que vous m'avez marquée. Il y a des gens qui trouvent que le portrait me ressemble beaucoup; mais il y en a bien aussi qui n'y trouvent point de ressemblance. Pour moi, je ne saurois qu'en dire; car je ne me connois pas trop bien, et je ne consulte pas trop souvent mon miroir. Il y a encore un autre portrait de moi, gravé par un ouvrier dont je ne sais pas le nom, et qui me ressemble moins qu'au grand Mogol. Il me fait extrêmement *rechigneux*[1]; et comme il n'y a pas de vers au bas, j'ai fait ceux-ci pour y mettre :

> Du célèbre Boileau tu vois ici l'image.
> Quoi! c'est là, diras-tu, ce critique achevé?
> D'où vient le noir chagrin qu'on lit sur son visage?
> C'est de se voir si mal gravé.

Je ne sais si le graveur sera content de ces vers; mais je sais qu'il ne sauroit en être plus mécontent que je le suis de sa gravure. Je vous donne le bonjour, et suis très parfaitement, etc.

Témoignez bien à M. Perrichon à quel point je suis glorieux de son souvenir.

---

[1] On dit aujourd'hui *rechigné*.

LETTRE CXXXI.

AU COMTE HAMILTON.

Paris, le 8 février 1705.

Je ne devois dans les règles, monsieur, répondre à votre obligeante lettre, qu'en vous renvoyant l'agréable manuscrit que vous m'avez fait remettre entre les mains; mais ne me sentant pas disposé à m'en dessaisir, j'ai cru que je ne pouvois pas différer davantage à vous en faire mes remerciements, et à vous dire que je l'ai lu avec un plaisir extrême; tout m'y ayant paru également fin, spirituel, agréable, et ingénieux. Enfin je n'y ai rien trouvé à redire que de n'être pas assez long; cela ne me paroît pas un défaut dans un ouvrage de cette nature, où il faut montrer un air libre et affecter même quelquefois, à mon avis, un peu de négligence. Cependant, monsieur, comme dans l'endroit de ce manuscrit où vous parlez de moi magnifiquement, vous prétendez que si j'entreprenois de louer M. le comte de Grammont, je courrois risque en le flattant de le dévisager, trouvez bon que je transcrive ici huit vers qui me sont échappés ce matin, en faisant réflexion sur la vigueur d'esprit que cet illustre comte conserve toujours, et que j'admire d'autant plus qu'étant encore fort loin de son âge, je sens le peu de génie que j'ai pu avoir autrefois entièrement diminué et tirant à sa fin. C'est sur cela que je me suis récrié :

>Fait d'un plus pur limon, Grammont à son printemps
>N'a point vu succéder l'hiver de la vieillesse;
>La cour le voit encor brillant, plein de noblesse,
>   Dire les plus fins mots du temps,
>Effacer ses rivaux auprès d'une maîtresse;
>Sa course n'est au fond qu'une longue jeunesse,
>Qu'il a déjà poussée à deux fois quarante ans [1].

Je vous supplie, monsieur, de me mander s'il est *égratigné* dans ces vers, et de croire que je suis, avec toute la sincérité et le respect que je dois, monsieur, votre très humble et très obéissant serviteur.

[1] Le comte de Grammont mourut à quatre-vingt-six ans, le 10 janvier 1707.

LETTRE CXXXII.

A BROSSETTE.

6 mars 1705.

Je ne m'étendrai point ici, monsieur, en longues excuses du long temps que j'ai été à répondre à vos obligeantes lettres, puisqu'il n'est que trop vrai qu'un très fâcheux rhume que j'ai eu, accompagné même de quelque fièvre, m'a entièrement mis hors d'état, depuis trois semaines, de faire ce que j'aime le mieux à faire, je veux dire de vous écrire. Me voilà entièrement rétabli, et je vais m'acquitter d'une partie de mon devoir.

Je suis fort aise que votre illustre physicien, à l'aide de son microscope, ait trouvé de quoi justifier le vers du Lutrin que vous attaquiez, et qu'il ait rendu à la guêpe son honneur : car, bien qu'elle soit un peu décriée parmi les hommes, on doit rendre justice à ses ennemis, et reconnoître le mérite de ceux même qui nous persécutent. Je vous prie donc de faire bien des remerciements de ma part à M. de Puget, et de lui bien marquer l'estime que je fais des excellentes qualités de son esprit, qui n'ont pas besoin, comme celles de la guêpe, du microscope pour être vues.

Vous faites, à mon avis, trop de cas des deux épigrammes que je vous ai envoyées, et *sur-tout* de celle à M. Le Verrier, qui n'est qu'un petit compliment très simple, que je me suis cru obligé de lui faire, pour empêcher qu'on ne me crût auteur des quatre vers qui sont au bas de mon portrait, et qui sont beaucoup meilleurs que mes épigrammes, n'y ayant sur-tout de plus juste que ces deux vers :

>J'ai su dans mes écrits, docte, enjoué, sublime,
>Rassembler en moi Perse, Horace et Juvénal.

Supposé que cela fût vrai; *docte* répondant admirablement à Perse, *enjoué* à Horace, et *sublime* à Juvénal. Il les avoit faits d'abord indirects, et de la manière dont vous me faites voir que vous avez prétendu les rajuster; mais cela les rendoit froids, et c'est par le conseil de gens très habiles qu'il les mit en style direct : la prosopopée ayant une grace qui les anime, et une fanfaronnade même, pour ainsi dire, qui a son agrément.

Vous ne me dites rien des quatre vers que j'ai faits pour l'autre infame gravure dont je vous ai parlé. Est-ce que vous les trouveriez mauvais ?

Ils ont pourtant réjoui tous ceux à qui je les ai dits. Mais, pour vous satisfaire sur l'histoire que vous me demandez de l'épigramme de Lubin, je vous dirai que Lubin est un de mes parents qui est mort il y a plus de vingt ans, et qui avoit la folie que j'y attaque. Il étoit secrétaire du roi, et s'appeloit M. Targas. J'avois dit, lui vivant, le mot dont j'ai composé le sel de mon épigramme, qui n'a été faite qu'environ depuis deux mois, chez moi, à Auteuil, où couchoit l'abbé de Châteauneuf[1]. Je m'étois ressouvenu le soir, en conversant avec lui, du mot dont il est question ; il l'avoit trouvé fort plaisant, et sur cela nous étions convenus l'un et l'autre qu'avant tout, pour faire une bonne épigramme, il falloit dire en conversation le mot qu'on y vouloit mettre à la fin, et voir s'il frapperoit. Celui-ci donc l'ayant frappé, je le lui rapportai le lendemain au matin construit en épigramme, telle que je vous l'ai envoyée. Voilà l'histoire.

Le monument antique que vous m'avez fait tenir est fort beau et fort vrai. Mon dessein étoit de

---

[1] L'abbé de Châteauneuf, parrain de Voltaire, est assez connu par ses liaisons avec Ninon de Lenclos : il devroit l'être davantage par l'agréable dialogue qu'il composa pour elle sur la musique des anciens.

le porter moi-même à l'académie des inscriptions ; mais j'ai su qu'il y avoit déja long-temps qu'il y étoit, et que les académiciens mêmes s'étoient déja fort exercés sur cette excellente relique de l'antiquité. Je ne sais pas pourquoi vous me faites une querelle d'Allemand sur la prééminence qu'a eue autrefois Lyon au-dessus de Paris. Est-ce que Paris a jamais nié que, du temps de César, non seulement Lyon, mais Marseille, Sens, Melun, ne fussent beaucoup plus considérables que Paris ? Et qu'est-ce que de cela Lyon sauroit conclure contre Paris, sinon ce vers du Cid :

Vous êtes aujourd'hui ce qu'autrefois je fus[1] ?

Je vous conjure bien de marquer à M. de Mezzabarba[2], dans les lettres que vous lui écrirez, le cas que je fais de sa personne et de son mérite. Je ne sais si vous avez vu la traduction qu'il a faite de mon ode sur Namur. Je ne vous dirai pas qu'il y est plus moi-même que moi-même ; mais je vous dirai hardiment que, bien que j'aie sur-tout songé à y prendre l'esprit de Pindare, M. de Mezzabarba

---

[1] Acte I, scène VI.

[2] L'abbé de Mezzabarba, membre de la congrégation des Somasques, et professeur de rhétorique à Brescia, à Pavie et à Turin.

est beaucoup plus Pindare que moi. Si vous [n'a]vez pas encore reçu de lettre de M. Le Verrier, [ce]la ne vient que de ma faute, et du peu de soin [que] j'ai eu de le faire ressouvenir, comme je de[vo]is, de vous écrire; mais je vais dîner aujour[d']hui chez lui, et je réparerai ma négligence. Vous [po]uvez vous assurer d'avoir, au premier jour, un [co]mpliment de sa façon. Adieu, mon illustre mon[si]eur; croyez que c'est très sincèrement que je [su]is, etc.

Souffrez que je fasse ici en particulier, et hors [d']œuvre, mon compliment à M. Perrichon.

LETTRE CXXXIII.

AU MÊME.

...... 1705.

Je suis si coupable envers vous, monsieur, que, [si] je voulois me disculper de toutes mes négligen[c]es, il faudroit que j'y employasse toutes mes let[tr]es, et je ne vous pourrois parler d'autre chose. Il [me] semble donc que le mieux est de vous renvoyer [à] mes excuses précédentes, puisque je n'en ai point [de] nouvelles à vous alléguer, et de vous prier de suppléer, par la violence de votre amitié, à la foiblesse de mes raisons. Cela étant, je vous dirai que j'ai été ravi d'apprendre, par votre dernière lettre, l'honorable distribution que vous avez faite des estampes de Drevet. La vérité est que vous deviez les avoir reçues de ma main; mais je crois vous avoir déja écrit que je ne les donnois à personne, à cause des vers fastueux que M. Le Verrier a fait graver au bas, et dont je paroîtrois tacitement approuver l'ouverte flatterie, si j'en faisois des présents en mon nom. Cependant il n'est pas possible de n'être point bien aise qu'elles soient entre les mains de M. de Puget et de M. Perrichon, et qu'elles leur donnent occasion de se ressouvenir de l'homme du monde qui les estime et les honore le plus. Pour ce qui est de monsieur le prevôt des marchands de Lyon, je ne saurois croire qu'il souhaite de voir un portrait aussi peu digne de sa vue que le mien. La vérité est pourtant que je souhaite fort qu'il le souhaite, puisqu'il n'y a point d'homme dont j'aie entendu dire tant de bien que de cet illustre magistrat, et qu'on ne peut être honnête homme sans desirer d'être estimé d'un aussi excellent homme que lui. M. Le Verrier m'a assuré qu'il vous enverroit encore deux de mes portraits par la voie que vous m'avez mandée; et vous les pourrez donner à qui vous jugerez à pro-

os. M. de Puget me fait bien de l'honneur de me
mettre en regard, pour me servir de vos termes,
avec M. Pascal. Rien ne me sauroit être plus agréable que de me voir mis en parallèle avec un si merveilleux génie; mais tout ce que nous avons de
semblable, comme l'a fort bien remarqué M. de
Puget dans ses jolis vers, c'est l'inclination à la satire, si l'on doit donner le nom de satires à des
lettres aussi instructives et aussi chrétiennes que
celles de M. Pascal.

Je viens maintenant à l'extrême honneur que
la ville de Lyon me fait en me demandant mon
sentiment sur l'inscription nouvelle qu'elle veut qui
soit mise dans son hôtel-de-ville, au sujet du passage de nosseigneurs les princes en 1701; et je
n'aurai pas grand'peine à me déterminer là-dessus,
puisque je suis entièrement déclaré pour la langue
latine, qui est extrêmement propre, à mon avis,
pour les inscriptions, à cause de ses ablatifs absolus, au lieu que la langue françoise, en de pareilles
occasions, traîne et languit par ses gérondifs in-
commodes, et par ses verbes auxiliaires où elle est
indispensablement assujettie, et qui sont toujours
les mêmes. Ajoutez qu'ayant besoin pour plaire
d'être soutenue, elle n'admet point cette simplicité
majestueuse du latin, et, pour peu qu'on l'orne,
donne dans un certain phébus qui la rend sotte et

fade. En effet, monsieur, voyez, par exemple, quelle comparaison il y auroit entre ces mots qui viennent au bout de la plume : *Regiâ familiâ urbem invisente*, et ceux-ci : *La royale famille étant venue voir la ville*. Avec tout cela néanmoins peut-être que je me trompe, et je me rendrai volontiers sur cela à l'avis de ceux qui me demandent mon avis. Cependant je vous prie de bien témoigner mes respects à messieurs de la ville de Lyon, et de leur bien marquer que je ne perdrai jamais l'occasion de célébrer une ville qui a été, pour ainsi dire, par ses pensions, la mère nourrice de mes muses naissantes, et chez qui autrefois, comme je l'ai déja dit dans un endroit de mes ouvrages, on obligeoit les méchants auteurs d'effacer eux-mêmes leurs écrits avec la langue. Du reste, croyez qu'on ne peut être plus que je le suis, etc.

Vous recevrez dans peu une recommandation de moi pour un valet-de-chambre que vous connoissez, et dont franchement j'ai été indispensablement obligé de me défaire.

LETTRE CXXXIV.

AU MÊME.

Paris, 20 novembre 1705.

Je suis si coupable envers vous, monsieur, que [le] mieux que je puisse faire à mon avis, c'est [d']avouer sincèrement ma faute, et de vous en demander un pardon que, grace à votre aveugle [bo]nté pour moi, je suis en quelque façon sûr d'ob[ten]ir. Je ne vous ferai donc point d'excuse de [m]on silence depuis six mois. J'en pourrois pour[ta]nt alléguer de très mauvaises, dont la principale [es]t un misérable ouvrage[1] que je n'ai pu m'empê[ch]er de composer de nouveau, et qui m'a emporté [to]utes les heures de mon plus agréable loisir, [c']est-à-dire tout le temps que je pouvois m'entre[te]nir par écrit avec vous. M'en voilà quitte enfin, il est achevé.

Ainsi, monsieur, trouvez bon que je revienne à [vo]us comme si de rien n'étoit, et que je vous dise

---

[1] La satire XII, sur l'équivoque.

avec la même confiance que si j'avois exactement répondu à toutes vos lettres, qu'il n'y a point de jeune homme dans mon esprit au-dessus de M. Dugas ; que je le trouve également poli, spirituel, savant ; et que si quelque chose peut me donner bonne opinion de moi-même, c'est l'estime, quoique assez mal fondée, qu'il témoigne, aussi bien que vous, faire de mes ouvrages. Il m'est venu voir deux fois à Auteuil ; et bien que nos conversations aient été fort longues, elles m'ont paru fort courtes. Je lui ai donné un assez méchant dîner avec M. Bronod, et cela ne s'est point passé, comme vous pouvez bien vous l'imaginer, sans boire plus d'une fois à votre santé. Il m'a marqué une estime particulière pour vous ; et j'ai encore mis cette estime au rang de ses grandes perfections. Mais que voulez-vous dire avec vos termes de *parfaite reconnoissance* et *d'attachement respectueux*, qu'il se pique, dites-vous, d'avoir pour moi ? Au nom de Dieu, monsieur, qu'il change tous ces sentiments en sentiment de bonté et d'amitié. M. Dugas est un homme à qui on doit du respect, et non pas qui en doive aux autres ; et d'ailleurs, vous vous souvenez bien de l'épigramme de Martial :

Sed si te colo, Sexte, non amabo.

Que seroit-ce donc, si M. Dugas en alloit user

de la sorte, et comment pourrois-je m'en consoler? Voilà, monsieur, tout ce que j'ai à vous dire cette fois pour vous marquer ma rentrée dans mon devoir. Je ne manquerai pas au premier jour de vous écrire une lettre dans les formes, où je vous dirai le sujet et les plus essentielles particularités de mon nouvel ouvrage, que je vous prierai pourtant de tenir secrètes. Cependant je vous supplie de demeurer bien persuadé que, tout nonchalant que je suis, je ne laisse pas d'être, plus que personne du monde, etc.

LETTRE CXXXV.

AU MÊME.

Paris, 12 mars 1706.

Vous accusez à grand tort M. Dugas du peu de soin que j'ai eu depuis si long-temps à répondre à vos obligeantes lettres. Il est homme au contraire qui n'a rien oublié pour augmenter en moi l'estime particulière que j'ai toujours eue pour vous, et pour m'engager à vous écrire souvent. Ainsi je puis vous assurer que tout le mal ne vient que de ma négligence, qui est en moi comme une fièvre intermittente, qui dure quelquefois des années entières, et que le quinquina de l'amitié et du devoir ne sauroit guérir. Que voulez-vous, monsieur? Je ne puis pas me rebâtir moi-même; et tout ce que je puis faire, c'est de convenir de mon crime.

Je vous dirai pourtant qu'il ne me seroit pas difficile de trouver de méchantes raisons pour le pallier, puisqu'il n'est pas imaginable combien depuis très long-temps je me suis trouvé occupé de la méchante affaire que je me suis faite par ma satire contre l'*équivoque*, qui est l'ouvrage que je vous avois promis de vous communiquer. A peine a-t-elle été composée, que, l'ayant récitée dans quelques compagnies, elle a fait un bruit auquel je ne m'attendois point, la plupart de ceux qui l'ont entendue ayant publié et publiant encore, je ne sais pas sur quoi fondé, que c'est mon chef-d'œuvre. Mais ce qui a encore bien augmenté le bruit, c'est que dans le cours de l'ouvrage j'attaque cinq ou six des méchantes maximes que le pape Innocent XI a condamnées; car, bien que ces maximes soient horribles, et que, non plus que ce pape, je n'en désigne point les auteurs, messieurs les jésuites de Paris, à qui on a dit quelques endroits qu'on a retenus, ont pris cela pour eux, et ont fait concevoir que d'attaquer l'équivoque, c'étoit les attaquer dans la plus sensible partie de leur doctrine. J'ai eu beau crier que je n'en voulois à personne qu'à l'équivoque même, c'est-à-dire au démon, qui seul, comme je l'avoue dans ma pièce, a pu dire *qu'on n'est point obligé d'aimer Dieu; qu'on peut prêter sans usure son argent à tout denier; que tuer un homme pour une pomme, n'est point un mal*, etc. : ces messieurs ont déclaré qu'ils étoient dans les intérêts du démon, et, sur cela, m'ont menacé de me perdre, moi, ma famille, et tous mes amis. Leurs cris n'ont pourtant pas empêché que monseigneur le cardinal de Noailles, mon archevêque, et monseigneur le chancelier[1], à qui j'ai lu ma pièce, m'aient jeté tous deux à la tête leur approbation, et le privilège pour la faire imprimer si je voulois; mais vous savez bien que naturellement je ne me presse pas d'imprimer, et qu'ainsi je pourrai bien la garder dans mon cabinet, jusqu'à ce qu'on fasse une nouvelle édition de mon livre. On en sait pourtant plusieurs lambeaux; mais ce sont des lambeaux, et j'ai résolu de ne la plus dire qu'à des gens qui ne la retiendront pas. La vérité est qu'à la fin de ma satire j'attaque directement messieurs les journalistes de

---

[1] M. de Pontchartrain le père.

Trévoux, qui, depuis mon accommodement, m'ont encore insulté en trois ou quatre endroits de leur journal; mais ce que je leur dis ne regarde ni les propositions, ni la religion, et d'ailleurs je prétends, au lieu de leur nom, ne mettre dans l'impression que des étoiles, quoiqu'ils n'aient pas eu la même circonspection à mon égard. Je vous dis tout ceci, monsieur, sous le sceau du secret, que je vous prie de me garder. Mais, pour revenir à ce que je vous disois, vous voyez bien, monsieur, que j'ai eu assez d'affaires à Paris pour me faire oublier celles que j'ai à Lyon.

Parlons maintenant des choses que vous voulez savoir de moi. Ma réponse au P. Bourdaloue est très juste et très véritable; mais voici mes termes : « Je vous l'avoue, mon père; mais pourtant si « vous voulez venir avec moi aux Petites-Maisons, « je m'offre de vous y fournir dix prédicateurs con- « tre un poëte, et vous ne verrez à toutes les loges « que des mains qui sortent des fenêtres, et qui di- « visent leurs discours en trois points. »

J'ai su autrefois le nom de l'auteur du rondeau dont vous me parlez, et j'ai vu l'auteur lui-même. C'étoit un homme qui, je crois, est mort, et qui n'étoit pas homme de lettres. Le rondeau pourtant est joli. Il accusoit des gens du métier de se l'être attribué mal-à-propos, et de lui avoir fait un vol.

Peut-être au premier jour je me ressouviendrai de son nom, et je vous l'écrirai. Entendons-nous toutefois ; dans le rondeau dont je vous parle, il n'y avoit point : *Où s'enivre Boileau.* Ainsi j'ai peur que nous ne prenions le change.

Pour ce qui est de *la vie de Molière*, franchement ce n'est pas un ouvrage qui mérite qu'on en parle. Il est fait par un homme[1] qui ne savoit rien de la vie de Molière, et il se trompe dans tout, ne sachant pas même les faits que tout le monde sait. Pour les odes de M. de La Motte, quelqu'un, ce me semble, me les a montrées ; mais je ne m'en ressouviens pas assez pour en dire mon avis. Il me semble, monsieur, que cette fois vous ne vous plaindrez pas de moi, puisque je vous écris une assez longue lettre, et qu'il ne me reste guère que ce qu'il faut pour vous assurer que, tout négligent et tout paresseux que je suis, je ne laisse pas d'être un de vos plus affectionnés amis, et que je suis parfaitement....

Mes recommandations à M. Dugas et à tous nos illustres amis et protecteurs.

[1] Grimarest.

LETTRE CXXXVI.

AU MÊME.

Paris, 15 juillet 1706.

Une des raisons, monsieur, qui m'empêche souvent de répondre à vos obligeantes lettres, c'est la nécessité où je me trouve, grace à ma négligence ordinaire, de les commencer toujours par des excuses de ma négligence. Cette considération me fait tomber la plume des mains; et, dans la confusion où je suis, je prends le parti de ne vous point écrire, plutôt que de vous écrire toujours la même chose. Je vous dirai pourtant qu'à l'égard de vos deux dernières lettres, à cette raison ordinaire que je pourrois vous alléguer, il s'en est encore joint une autre beaucoup plus valable et plus fâcheuse, je veux dire un rhume effroyable qui me tourmente depuis un mois, et pour lequel on me défend sur-tout les efforts d'esprit. Quelque défense pourtant qu'on m'ait faite, je ne saurois m'empêcher de m'acquitter aujourd'hui de mon devoir, et de vous dire, mais sans nul effort d'esprit, que l'illustre ami qui m'a apporté de votre part l'excellent livre de M. de Puget, est un très galant homme. J'ai eu le bonheur de l'entretenir une heure durant, et il m'a paru très digne de l'estime et de l'amitié que vous avez pour lui. Pour M. de Puget, que vous saurois-je dire, sinon que jamais personne n'a fait mieux voir combien, dans les objets même les plus finis, les merveilles de Dieu sont infinies, et combien ses plus petits ouvrages sont grands? Je vous prie de lui témoigner de ma part à quel point je l'honore et le révère. J'ai lu son livre plus d'une fois. J'admire combien vous êtes d'hommes merveilleux dans Lyon. Je doute qu'il y en ait dans Paris de meilleur goût et de plus fin discernement. Faites-moi la faveur de leur bien marquer à tous mes respects, et la gloire que je me fais d'avoir quelque part à leur estime.

On dit que vous allez bientôt avoir dans votre ville le fameux maréchal de Villeroi. Il y a beaucoup de gens ici qui lui donnent à dos sur sa dernière action[1], et véritablement elle est malheureuse; mais je m'offre pourtant de faire voir, quand on voudra, que la bataille de Ramillies est en tout semblable à la bataille de Pharsale; et

---

[1] La bataille de Ramillies en Flandre, perdue le 23 mai 1706, jour de la Pentecôte.

qu'ainsi quand M. de Villeroi ne seroit pas un César, il peut pourtant fort bien demeurer un Pompée[1].

Parlons maintenant de votre mariage. A mon avis, vous ne pouviez rien faire de plus judicieux. Quoique j'aie composé, *animi gratiâ*, une satire contre les méchantes femmes, je suis pourtant du sentiment d'Alcippe, et je tiens comme lui :

> Que pour être heureux sous ce joug salutaire,
> Tout dépend, en un mot, du bon choix qu'on sait faire.

Il ne faut point prendre les poëtes à la lettre. Aujourd'hui c'est chez eux la fête du célibat; demain c'est la fête du mariage. Aujourd'hui l'homme est le plus sot de tous les animaux; demain c'est le seul animal capable de justice, et en cela semblable à Dieu. Ainsi, monsieur, je vous conjure de bien marquer à madame votre épouse la part que je prends à l'heureux choix que vous avez fait.

Pardonnez à mon rhume si je ne vous écris pas

---

[1] Quand Villeroi reparut pour la première fois devant Louis XIV, après cette désastreuse journée qui rendit les alliés maîtres de toute la Flandre, le roi, au lieu de lui faire des reproches, lui dit seulement : « Monsieur le « maréchal, on n'est pas heureux à notre âge ! »

[2] Satire X.

une plus longue lettre, et croyez qu'on ne peu[t]
être avec plus de passion que je le suis....

LETTRE CXXXVII.

AU DUC DE NOAILLES.

A Paris, 30 juillet 1706.

Je ne *scay* pas, monseigneur, sur quoi fondé vo[us]
voulés qu'il y *ayt* de l'*équivoque* dans le zéle et da[ns]
la sincère estime que *j'ay* toujours *faict* professi[on]
d'avoir pour vous. *Avés*-vous donc oublié q[ue]
vostre cher poëte n'a jamais été accusé de dissim[u]-
lation, *et qu'enfin sa candeur* (c'est lui-*mesme* q[ui]
le dit dans une de ses *épistres*) *seule a fait tous s*[es]
vices[1] ? Vous me faites concevoir que ce qui vo[us]
a donné cette mauvaise opinion de moi, c'est le p[eu]
de soin que *j'ay* eu depuis *vostre* départ de vous ma[n]-
der des nouvelles de mon dernier ouvrage. Mai[s]
tout de bon, monseigneur, *croiés*-vous qu'au m[i]-
lieu des grandes choses dont vous *estiés* occu[pé]
devant Barcelonne, parmi le bruit des canons, d[e]

[1] Épître x, v. 86.

bombes, et des carcasses, mes muses dussent vous aller demander audience pour vous entretenir de mon *démeslé* avec l'équivoque, et pour *sçavoir* de vous si je devois l'appeler maudit ou maudite? Je veux bien pourtant avoir failli; et puisque, *mesme* encore aujourd'hui, vous *voulés* résolûment que je vous rende compte de cette dernière pièce de ma façon, je vous dirai que je l'*ay* achevée immédiatement après *vostre* départ, que je l'*ay* ensuite récitée à plusieurs personnes de mérite, qui lui ont donné des éloges auxquels je ne m'attendois pas; que monseigneur le cardinal de Noailles surtout en a paru satisfait, et m'a *mesme* en quelque sorte offert son approbation pour la faire imprimer; mais que comme j'ai attaqué à force ouverte la morale des méchants casuistes, et que j'*ay* bien prévu l'*éclat* que cela alloit faire, je n'*ay* pas jugé à propos *meam senectutem horum sollicitare amentiâ*, et de m'attirer peut-*estre* avec eux sur les bras toutes les furies de l'enfer, ou, ce qui est encore pis, toutes les calomnies de.... vous *m'entendés* bien, monseigneur. Ainsi j'*ay* pris le parti d'enfermer mon ouvrage, qui vraisemblablement ne verra le jour qu'après ma mort. Peut-*estre* que ce sera bientôt. Dieu veuille que ce soit fort tard! Cependant je ne manquerai pas, dès que vous serez à Paris, de vous le porter pour vous en faire la lecture. Voilà l'histoire au vrai de ce que vous desiriez *sçavoir*; mais c'est assez parler de moi.

Parlons maintenant de vous. C'est avec un extrême plaisir que j'entends tout le monde ici vous rendre justice sur l'affaire de Barcelonne, où l'on prétend que tout auroit bien été, si on avoit aussi bien fini que vous *avés* bien commencé. Il n'y personne qui ne loue le roi de vous avoir *faict* lieutenant-général; et des gens sensés *mesme* croient que, pour le bien des affaires, il *n'eust* pas été mauvais de vous élever encore à un plus haut rang. Au reste, c'est à qui vantera le plus l'audace avec laquelle vous *avés* monté la tranchée, à peine encore guéri de la petite-vérole, et approché d'assez près les ennemis, pour leur communiquer *vostre* mal, qui, comme vous *savés*, s'excite souvent par la peur. Tout cela, monseigneur, me donneroit presque l'envie de faire ici *vostre* éloge dans les formes; mais comme il me reste très peu de papier, et que le panégyrique n'est pas trop mon talent, *trouvés* bon que je me hâte *plustôt* de vous dire que je suis avec un très grand respect, monseigneur, votre très humble et très obéissant serviteur,

DESPRÉAUX.

LETTRE CXXXVIII[1].

M. LE VERRIER AU MÊME.

Paris, ce 30 juillet 1706.

J'ai été ravi, monseigneur, d'apprendre de vos nouvelles; et, sans un courrier de M. Amelot, qui me dit qu'il vous avoit vu partir de Madrid, et que vous aviez passé à Pampelune huit jours avant lui, j'aurois été dans une peine extrême. Il me semble, monseigneur, qu'il vaut mieux être en Roussillon qu'en Espagne.

M. de Berwick[2] envoya un courrier qui arriva

[1] Quoique cette lettre ne soit pas adressée à Despréaux, elle devoit trouver place dans sa correspondance. On y apprend beaucoup de particularités sur l'élection du marquis de Saint-Aulaire à l'académie françoise, élection qui est l'objet de la lettre suivante, l'une des principales du recueil.

[2] Jacques Fitz-James, duc de Berwick, né le 21 août 1670. Il étoit fils de Jacques, duc d'York, depuis roi d'Angleterre, et d'Arabella Churchill, sœur du fameux duc de Marlboroug; et telle fut, dit Montesquieu, l'étoile

avant-hier à Marly. Il a fort envie de livrer comba[t]
aux ennemis; mais il mande que son infanteri[e]
est très foible. M. Orry me dit hier à l'Estang qu'i[l]
la rétabliroit bientôt sur les lieux. Il est venu ic[i]
chercher de l'argent; le roi lui a donné deux mi[l]-
lions en billets de monnoie. La question est de le[s]
convertir en espèces : ce change coûte 17 pour 100,
en sorte que de mille francs de billets de monnoie
on n'en retire que huit cent trente francs en ar[-]
gent. On a déjà envoyé par des courriers une pa[r]-
tie de ces deux millions.

Les ennemis se sont enfin déterminés, monse[igneur]

de cette maison de Churchill, qu'il en sortit deux homme[s]
dont l'un, dans le même temps, fut destiné à ébranle[r]
et l'autre à soutenir les deux plus grandes monarchies [de]
l'Europe. Berwick avoit à peine dix-huit ans, lorsque [le]
roi son père, réduit à se réfugier en France, le charg[ea]
d'aller demander un asile à la cour de Versailles. Apr[ès]
la mort de ce prince à Saint-Germain, il se fit naturalis[er]
François. En 1706, Louis XIV lui donna le bâton de m[a]-
réchal, et l'envoya pour la seconde fois en Espagne, a[fin]
d'y rétablir les affaires de Philippe V, qui étoient dans [un]
état déplorable. L'évènement confirma les espérances q[ue]
le monarque avoit conçues de son génie militaire. Sa no[u]-
velle patrie lui dut beaucoup d'autres succès, et le perd[it]
au siège de Philisbourg, où il fut tué d'un coup de [ca]-
non, le 12 juin 1734.

gneur, à faire le siége de Menin[1]; ils ont quinze mille paysans qui travaillent à faire leurs lignes. Je ne sais ce que deviendra le siége de Turin : car M. le prince Eugène a fait passer le Pô à dix mille hommes de ses troupes. Pour la flotte des Hollandois, elle est sortie de la Manche; on ne sait où elle va, ni quel incendie elle veut faire, mais on assure qu'elle porte quatre-vingt mille flambeaux. Je n'en dirai pas davantage, monseigneur, sur une matière dont je suis persuadé que vous savez d'ailleurs plus de nouvelles que je n'en puis savoir. Je vais donc me retrancher à vous entretenir d'une autre guerre, dont je suis parfaitement instruit.

Il s'agissoit, monseigneur, de remplir la place qui vaquoit à l'académie par la mort de M. l'abbé Testu. J'ai vu dix-huit voix assurées pour M. de Mimeure, qui n'a point fait la moindre démarche pour les avoir, et qui n'en sait encore rien. Deux dames, extrêmement de ses amies, l'ont empêché d'être élu : l'une, c'est madame de Croissy, qui s'est mis en tête, à la prière de madame de Lambert, de faire élire M. le marquis de Saint-Aulaire; l'autre, c'est madame de Ferriol, que j'ai

---

[1] Menin, l'une des places que nous perdîmes dans les Pays-Bas, à la suite de la bataille de Ramillies.

toujours vue soumise à madame de Croissy, comme une de ses filles, et qui cependant n'a rien oublié pour faire tomber cette place à M. l'abbé Dubos, auteur du manifeste de M. de Bavière. Il n'eut hier que trois voix, et M. de Saint-Aulaire fut élu. Je vous laisse à penser, monseigneur, quel est le triomphe de madame de Croissy.

Pour M. de Mimeure, ses meilleurs amis ont été obligés de le sacrifier; d'autres se sont absentés de l'académie, et de ce nombre sont M. d'Avranches[1], M. de Malezieu[2], M. l'abbé Genest[3] et M. Dacier. Mais M. Despréaux, en vrai républicain, ne s'est point absenté; il est allé courageusement à l'académie; il a représenté avec beaucoup de chaleur que tout étoit perdu, puisqu'il n'y avoit plus que la brigue des femmes qui mît des académiciens à la place de ceux qui mouroient. Enfin il a lu tout haut des vers de M. de Saint-Aulaire qu'on lui avoit donnés de sa part; il a représenté que, dès sa première jeunesse, sa bile

---

[1] Huet, évêque d'Avranches.

[2] Malezieu avoit été précepteur du duc du Maine, e fut désigné au roi par madame de Maintenon, pour enseigner les mathématiques au duc de Bourgogne.

[3] Auteur des tragédies de ZÉLONIDE, POLYMNESTOR, JOSEPH ET PÉNÉLOPE. Cette dernière est restée longtemps au théâtre.

s'étoit échauffée contre les mauvais poëtes; que c'étoit ce qui l'avoit porté à écrire contre les Chapelains, les Cotins, les Pelletiers et tant d'autres qui étoient les héros du Parnasse, en comparaison de M. de Saint-Aulaire, à qui l'on ne devoit pas donner le nom d'Anacréon, parceque c'est un vieillard qui invoque la mollesse de le venir réchauffer sur la fin de ses jours. Ainsi M. Despréaux, à la vue de tout le monde, donna une boule noire à M. de Saint-Aulaire, et nomma lui seul M. de Mimeure. Voilà, monseigneur, des témoignages qu'il y a encore de vrais Romains sur la terre; et à l'avenir vous prendrez la peine de ne plus appeler M. Despréaux votre cher poëte, mais votre cher Caton.

Puisque je vous en ai tant dit sur cette matière, il faut, monseigneur, que je rende mon histoire complète, d'autant plus que les moindres circonstances ne laissent pas que d'avoir leur agrément, à deux cents lieues de Paris. Ce sont MM. de Dangeau qui étoient à la tête du parti de Dubos. M. le Duc étoit aussi d'abord pour lui, et M. le prince de Conti pour M. de Saint-Aulaire. Il y a quelques jours que se promenant avec M. de Torci[1], M. de

---

[1] Jean-Baptiste Colbert, marquis de Torci, administra le département des affaires étrangères, à la mort de son père, M. de Croissy.

Dangeau les aborda. Le prince lui dit : « Je ne vous « connois plus; car le Dangeau d'aujourd'hui n'est « point le Dangeau d'autrefois. » Celui-ci fort surpris pria instamment qu'on lui expliquât cette énigme. « Comment, reprit le prince, M. de Dan« geau est pour un homme qui a manqué à un « ministre, contre un homme qui a loué le Roi ! « Encore un coup je n'y connois plus rien. » C'est que M. de Saint-Aulaire a fait un panégyrique du roi, et que M. Dubos avoit promis à M. de Torci d'aller à Venise avec M. l'abbé de Pomponne.

Pour les gens ameutés par M. le prince de Conti, ils ne se sont point trouvés à l'élection; et dès que M. le Duc a su qu'il s'agissoit de M. de Mimeure, il a écrit une lettre à un académicien avec ordre de la lire à l'académie, par laquelle il mandoit qu'il se désistoit de ses premières sollicitations, pour les tourner tout entières en faveur de M. de Mimeure, qui étoit un des hommes du monde qu'il aimoit et qu'il estimoit le plus. Madame de Montespan, d'un autre côté, a tellement lavé la tête à M. d'Avranches, qui s'étoit engagé à M. de Dangeau pour M. Dubos, qu'il n'a osé se trouver à l'élection. Vous connoissez, monseigneur, son art de parler; elle lui demandoit de quel front il iroit porter son suffrage contre son élève [1], et comment il oseroit après cela se présenter devant MONSEIGNEUR, quoiqu'il ne se fût point déclaré, parceque M. de Mimeure, à qui il offroit de faire parler de sa part à l'académie, l'avoit supplié de n'en rien faire. Je ne finirois point, si je voulois tout conter.

En voilà assez, et peut-être trop. Je vais donc parler d'autre chose. M. l'abbé de Polignac a fait un poëme qui contient six livres, et qui est intitulé *L'Anti-Lucrèce*. Je n'en ai entendu que le premier livre; mais je puis vous assurer que cela suffit pour voir que cet ouvrage est tout brillant d'esprit et de feu de poésie. C'est le sentiment de M. le procureur-général [2], de MM. Despréaux, de Valincour, Boivin, de M. l'abbé de Châteauneuf et de M. et madame Dacier. Le poëme est écrit en latin.

Je suis, avec toute sorte d'attachement et de respect, monseigneur, votre très humble, etc.

P. S. Je veux, monseigneur, être aussi fidèle que long historien; M. le duc de Coislin s'est aussi absenté.

[1] M. de Mimeure avoit été admis aux leçons que Huet donnoit au fils de Louis XIV.
[2] D'Aguesseau.

LETTRE CXXXIX.

AU MARQUIS DE MIMEURE [1].

A Paris, 4 août 1706.

Ce n'est point, monsieur, un faux bruit, c'est une vérité très constante, que, dans la dernière assemblée qui se tint au Louvre pour l'élection d'un académicien, je vous donnai ma voix, et je vous la donnai avec d'autant plus de raison, que vous ne l'aviez point briguée, et que c'étoit votre seul mérite qui m'avoit engagé dans vos intérêts. Je n'étois pas pourtant le premier à qui la pensée de vous élire étoit venue; il y avoit un bon nombre d'académiciens qui me paroissoient dans la même disposition que moi. Mais je fus fort surpris, en arrivant dans l'assemblée, de les trouver tous changés, en faveur d'un M. de Saint-Aulaire [2], homme,

---

[1] Jacques-Louis Valon, marquis de Mimeure, lieutenant-général des armées du roi, né à Dijon, le 19 novembre 1659: mort le 3 mars 1719.

[2] François-Joseph de Beaupoil, marquis de Saint-Au-

disoit-on, de fort grande réputation, mais dont le nom pourtant, avant cette affaire, n'étoit pas venu jusqu'à moi. Je leur témoignai mon étonnement avec assez d'amertume; mais ils me firent entendre, d'un air assez pitoyable, qu'ils étoient liés. Comme la brigue de M. de Saint-Aulaire n'étoit pas médiocre, plusieurs gens de conséquence m'avoient écrit en faveur de cet aspirant à la dignité académique; mais, par malheur pour lui, dans l'intention de me faire mieux concevoir son mérite, on m'avoit envoyé un poëme de sa façon, très mal versifié, où, en termes assez confus, il conjure la volupté de venir prendre soin de lui pendant sa vieillesse, et de réchauffer les restes glacés de sa concupiscence : voilà en effet le but où il tend dans ce beau poëme. Quelque bien qu'on m'eût dit de lui, j'avoue que je ne pus m'empêcher d'entrer dans une vraie colère contre son ouvrage. Je le portai à l'académie, où je le laissai lire à qui voulut; et quelqu'un s'étant mis en devoir de le défendre, je jouai le vrai personnage du misanthrope dans Molière, ou plutôt j'y jouai mon propre personnage, le chagrin de ce misanthrope

___

laire, lieutenant-général au gouvernement de Limousin, mort le 17 décembre 1742, à près de cent ans, d'autres disent à cent deux.

contre les méchants vers ayant été, comme Molière me l'a confessé plusieurs fois lui-même, copié sur mon modèle. Ensuite on procéda à l'élection par billets; et bien que je fusse le seul qui écrivis votre nom dans mon billet, je puis dire que je fus le seul qui ne parus point honteux et déconcerté [1].

Voilà, monsieur, au vrai toute l'histoire de ce qui s'est passé à votre occasion à l'académie. Je n

[1] Monchesnai raconte ainsi cette anecdote: « Le jou
« que l'élection devoit être faite, il (Despréaux) se tran
« porta exprès à l'académie pour donner sa boule noir
« Quelques académiciens lui ayant remontré que le mar
« quis étoit un homme de qualité, qui méritoit qu'on e
« pour lui des égards: — Je ne lui conteste pas, dit-il
« ses titres de noblesse, mais ses titres du Parnasse;
« je le soutiens non seulement mauvais poète, mais poë
« de mauvaises mœurs. — Mais, reprit l'abbé Abeille
« monsieur le marquis n'écrit pas comme un auteur de pr
« fession, il se borne à faire de petits vers comme An
« créon. — Comme Anacréon! repartit le satirique. l
« l'avez-vous lu, vous qui en parlez? Savez-vous bien
« monsieur, qu'Horace, tout Horace qu'il étoit, se croyo
« un très petit compagnon auprès d'Anacréon? Eh bie
« donc, monsieur, si vous estimez tant les vers de votr
« monsieur le marquis, vous me ferez un très grand hon
« neur de mépriser les miens. » (BOLÆANA, n. LIII.)

vous en fais pas un plus grand détail, parceque M. Le Verrier m'a dit qu'il vous en avoit déja écrit fort au long. Tout ce que je puis vous dire, c'est que dans tout ce que j'ai fait, je n'ai songé qu'à procurer l'avantage de la compagnie, et rendre justice au mérite. Cependant je vois que par-là je me suis fait une fort grande affaire, non seulement avec M. de Saint-Aulaire, mais avec vous, et que je suis plutôt l'objet de vos reproches, que de vos remerciements. Vous vous plaignez sur-tout du hasard où je vous exposois, en vous nommant académicien, à faire une mauvaise harangue. Je suis persuadé que vous ne la pouviez faire que fort bonne; mais quand même elle auroit été mauvaise, n'aviez-vous pas un nombre infini d'illustres exemples pour vous consoler? Et est-ce la première méchante affaire dont vous seriez sorti glorieusement? Vous dites qu'en vous j'ai prétendu donner un bretteur à l'académie. Oui, sans doute; mais un bretteur à la manière de César et d'Alexandre. Hé quoi! avez-vous oublié que le bon-homme Horace avoit été colonel d'une légion, et n'étoit pas revenu comme vous d'une grande défaite?

   Cum fracta virtus, et minaces
   Turpe solum tetigere mento [1].

[1] Hor., liv. II, ode vii, v. 11-12.

Cependant dans quelle académie n'auroit-il point été reçu, supposé qu'il n'eût point eu pour concurrent M. de Saint-Aulaire ? Enfin, monsieur, vous me faites concevoir que je vous ai en quelque sorte compromis par trop de zéle, puisque vous n'avez eu pour vous que ma seule voix. Mais si j'ose ici faire le fanfaron, prétendez-vous que ma seule voix non briguée ne vaille pas vingt voix mendiées bassement ? Et de quel droit prétendez-vous qu'il ne soit pas permis à un censeur, soit à droit, soit à tort, installé depuis long-temps sur le Parnasse comme moi, de rendre sans votre congé justice à vos bonnes qualités, et de vous donner son suffrage sur une place qu'il croit que vous méritez ? Ainsi, monsieur, demeurons bons amis, et sur-tout pardonnez-moi les ratures qui sont dans ma lettre, puisqu'elle me coûteroit trop à récrire, et que je ne sais si je pourrois venir à bout de la mettre au net. Du reste croyez qu'il n'y a personne qui vous estime plus que moi, et que je suis très affectueusement votre très humble, etc.

Nous avons déja bu plusieurs fois à votre santé dans l'illustre auberge où l'on boit si souvent *gratis*[1], comme vous savez.

[1] Ce devoit être la maison du financier Le Verrier, puisque Despréaux à cette époque n'en fréquentoit point d'autre.

LETTRE CXL.

A BROSSETTE.

30 septembre 1706.

Je suis à Auteuil, monsieur, où je n'ai pas votre première lettre. Ainsi vous trouverez bon que je me contente de répondre à votre seconde, que je viens de recevoir. Vous me faites grand honneur de me consulter sur une question de physique, étant comme je suis assez ignorant physicien. Je veux croire que votre moine bénédictin est au contraire fort habile dans cette science; mais, si cela est, je vois bien qu'on peut être en même temps naturaliste très pénétrant et très maudit dialecticien; car j'ai lu un livre de lui sur la rhétorique, où, à mon avis, tout ce qu'il peut y avoir au monde de mauvais sens est rassemblé[1]. Vous pouvez donc bien penser que sur l'effet de la nature que vous

---

[1] Boileau confond ici le bénédictin François Lamy, avec le P. Bernard Lami, de l'Oratoire, auteur d'un Traité de rhétorique justement estimé.

me proposez, je penche à être bien plutôt de votre sentiment que du sien.

Mais laissons là le bénédictin, et parlons de M. de Puget. Quelque attaché qu'il soit à la recherche des choses naturelles, je suis ravi qu'il ne dédaigne pas entièrement le badinage de la poésie, et qu'il daigne bien quelquefois descendre jusqu'à jouer avec les muses. Ses vers m'ont paru fort polis et fort bien tournés. Oserois-je pourtant vous dire qu'il n'est pas entré parfaitement dans la pensée d'Horace, qui, dans la strophe dont il est question, ne parle point de la fermeté du sage des philosophes, mais d'un grand personnage, ami du bon droit et de la justice, à qui la chute du ciel même ne feroit pas faire un faux pas contre l'honneur et contre la vertu? Aussi est-ce Hercule et Pollux que le poëte cite en cet endroit, et non pas Socrate et Zénon. Il n'est donc pas vrai que ce vertueux soit si difficile à trouver que se le veut persuader M. de Puget, puisque, sans compter les martyrs du christianisme, il y a un nombre infini d'exemples, dans le paganisme même, de gens qui ont mieux aimé mourir, que de faire une lâcheté. Enfin, je suis persuadé que M. de Puget lui-même, si on le vouloit forcer, par exemple, à rendre un faux témoignage, se trouveroit le *justus et tenax vir* d'Horace. Pardonnez-moi, monsieur, si je vous parle avec cette sincérité de l'ouvrage d'un homme que j'honore et j'estime infiniment, et faites-lui bien des amitiés de ma part.

Venons maintenant à votre *Homme à la baguette*[1]. En vérité, mon cher monsieur, je ne saurois vous cacher que je ne puis concevoir comment un aussi galant homme que vous a pu donner dans un panneau si grossier, que d'écouter un misérable dont la fourbe a été si entièrement découverte[2], et qui ne trouveroit pas même présentement à Paris des enfants et des nourrices qui daignassent l'entendre. C'étoit au siècle de Dagobert et de Charles-Martel qu'on croyoit de pareils imposteurs; mais sous le règne de Louis-le-Grand, peut-on prêter l'oreille à de pareilles chimères, et n'est-ce point que depuis

---

[1] Jacques Aymard, paysan de Saint-Véran, en Dauphiné, département de l'Isère, où il mourut, en 1708.

[2] Frappé des récits qui lui venoient de toutes parts sur les nombreux prodiges opérés par Jacques Aymard, le prince Henri-Jules de Bourbon-Condé voulut voir l'auteur de tant de merveilles. Il fit venir Aymard à Paris, où la vertu de sa baguette fut aussitôt mise à l'épreuve : mais elle prit des pierres pour de l'argent, elle indiqua de l'argent dans un lieu où il n'y en avoit pas; en un mot, elle opéra avec si peu de succès, qu'elle perdit en un moment tout son crédit. Cette espèce de charlatanisme s'est néanmoins renouvelé depuis.

quelque temps, avec nos victoires et nos conquêtes, votre bon sens s'est aussi en allé? Tout cela m'attriste; et pour ne pas vous affliger aussi, trouvez bon que je me hâte de vous dire que je suis très parfaitement, monsieur, etc.

P. S. Je ferai réponse, dès que je serai à Paris, à votre première lettre. Mes recommandations, s'il vous plaît, à tous vos illustres magistrats. Il n'est parlé ici que de méchantes nouvelles, et on avoue maintenant que bien d'autres généraux que M. le maréchal de Villeroi pouvoient être battus.

Je suis charmé de M. Osio [1], qui m'a fait l'honneur de me revenir voir.

LETTRE CXLI.

AU MÊME.

Paris, 2 décembre 1706.

Je ne vous ferai point, monsieur, d'excuses de ma négligence, parceque je n'en ai point de bonnes à vous faire, et je me contenterai de vous dire que

---

[1] Avocat de Lyon.

j'ai vu, avec beaucoup de reconnoissance, d[e]
votre dernière lettre, la charité que vous a[vez]
pour mon misérable valet. Il m'a servi plus [de]
quinze années, et c'est un assez bon homme. [Je]
croyois qu'il dût me fermer les yeux; mais [la]
malheureuse femme qu'il a épousée, sans m[e]
rien dire, a corrompu en lui toutes ses bon[nes]
qualités, et m'a obligé, par des raisons indisp[en-]
sables, et que vous approuveriez vous-mêm[e si]
vous les saviez, de m'en défaire. Vous me f[erez]
plaisir de le servir en ce que vous pourrez; [mais]
au nom de Dieu que ce soit sans vous incom[mo-]
der, et ne le donnez pas pour impeccable.

Le mot qu'il vous a rapporté de moi est v[rai,]
mais il ne vous en a pas dit un encore moins m[au-]
vais que je dis à Sa Majesté, en la quittant [à la]
sortie de cette dispute; car tout le monde qui [était]
là, paroissant étonné de ce que j'avois osé [dis-]
puter contre le roi : « Cela est assez beau,
« dis-je, que de toute l'Europe je sois le seul [qui]
« résiste à Votre Majesté. » Il y a aussi quel[que]
chose de véritable dans ce qu'on vous a racont[é de]
notre conversation sur le mot de *gros*; mais o[n l'a]
gâtée, en voulant l'embellir. Tout ce qu'il y [a de]
vrai, c'est que le roi parlant fort contre la f[açon]
de ceux qui suppléoient par-tout le mot de *gr*[*os* à]
celui de *grand* : « Je ne sais pas, lui dis-je, c[e]

« ment ces messieurs l'entendent ; mais il me
« semble pourtant qu'il y a bien de la différence
« entre Louis le gros et Louis le grand. » Cela fit
assez agréablement ma cour, aussi bien que les
deux autres mots, qui furent dits dans un temps
qui leur convenoit, je veux dire, dans le temps de
nos triomphes, et qui ne seroient pas si bons aujourd'hui, où, à mon sens, on n'a que trop appris à nous résister. Vous voilà, monsieur, assez
bien éclairci, je crois, sur vos deux questions, et
je vous satisferois aussi sur celles que vous m'avez
faites dans vos deux autres lettres précédentes, si
je les avois ici ; mais franchement je les ai laissées à Auteuil. Ainsi il faut attendre que je les aie
rapportées pour vous donner pleine satisfaction.
J'y ferai pour cela bientôt un tour ; car l'hiver ni
les pluies n'empêchent pas qu'on n'y puisse aller
comme en plein été. Cependant je vous prie de
croire qu'on ne peut être avec plus de sincérité et
de reconnoissance que je le suis, etc.

Dans le temps que j'allois fermer cette lettre,
je me suis ressouvenu que vous seriez peut-être
bien aise de savoir le sujet de la dispute que j'eus
avec Sa Majesté. Je vous dirai donc que c'étoit à
propos du mot *rebrousser chemin*, que le roi prétendoit mauvais, et que je maintenois bon par l'autorité de tous nos meilleurs auteurs qui s'en étoient

servis, et entre autres Vaugelas et d'Ablancourt. Tous les courtisans qui étoient là m'abandonnèrent, et M. Racine tout le premier. Cependant je demeure encore dans mon sentiment, et je le soutiendrai encore hardiment contre vous, qui avez la mine de n'être pas de mon avis, et de m'abandonner comme tous les autres.

LETTRE CXLII.

AU MÊME.

Paris, 20 janvier 1707.

Il y a, monsieur, aujourd'hui près de deux mois que je fis sur mon propre escalier une chute que je puis appeler heureuse, puisque je suis en vie. Cela n'a pas empêché néanmoins que je n'aie été sur le grabat plus de six semaines, à cause d'une très douloureuse entorse jointe à plusieurs autres maux qu'elle m'avoit causés, etc....

LETTRE CXLIII.

AU MÊME.

Paris, 12 mars 1707.

Il n'y a point, monsieur, d'amitié plus commode que la vôtre. Dans le temps que je ne saurois trouver aucune bonne excuse d'avoir été si long-temps à répondre à vos obligeantes lettres, c'est vous qui me demandez pardon d'avoir manqué quelques ordinaires à m'écrire, et qui me mettez en droit de vous faire des reproches. Je ne vous en ferai pourtant point, et je me contenterai de vous dire, avec la même confiance que si je n'avois point tort, qu'on ne peut être plus touché que je le suis de la constance que vous témoignez à aimer un homme si peu digne de toutes vos bontés que moi; et que, s'il y a quelque chose qui me puisse faire corriger de mes négligences, c'est votre facilité à me les pardonner. Cela étant, je vous dirai, sans m'étendre en de plus longs compliments, que si l'ouvrage dont vous me parlez, qui a été fait à l'occasion de mon démêlé avec messieurs de Tré-

voux, est celui qu'on m'a montré, et où l'on m[et]
en jeu mon frère avec moi, c'est bien le plus so[t,]
le plus impertinent, et le plus ridicule ouvrage q[ui]
ait jamais été fait; et qu'il ne sauroit sortir que [de]
la main de quelque misérable cuistre de collé[ge]
qui ne nous connoît ni l'un ni l'autre. Le misérab[le]
m'y attribue une satire où il me fait rimer *épar*-
gner avec *dernier*. Il nous donne à l'un et à l'aut[re]
pour confident un M. de La Ronville, qui ne no[us]
a pas seulement vu, je crois, passer dans les rue[s.]
En un mot, le diable y est.

Pour ce qui est de l'épigramme contre M. [et]
madame Dacier, je ne sais ce que c'est, et ils so[nt]
tous deux mes amis. Peut-être est-ce une épi[-]
gramme où l'on veut faire entendre que madam[e]
Dacier est celle qui porte le grand chapeau dan[s]
les ouvrages qu'ils font ensemble, et qui y a la prin[-]
cipale part. Supposé que cela soit, je vous dira[i]
que je l'ai vue, et qu'elle m'a paru très abomina[-]
ble. On l'attribue pourtant à M. l'abbé Talleman[t.]

Quand Dacier et sa femme engendrent de leurs corps
Et que de ce beau couple il naît enfants, alors
    Madame Dacier est la mère;
    Mais quand ils engendrent d'esprit,
    Et font des enfants par écrit,
    Madame Dacier est le père.

Pour ce qui est de l'épigramme à l'occasion d[e]

etit de Beauchâteau, j'étois à peine sorti du col-
ge, quand elle fut composée par un frère aîné
ue j'avois[1], et qui a été de l'académie françoise.
lle passa pour fort jolie, parceque c'étoit une
aillerie assez ingénieuse de la mauvaise manière
e réciter de Beauchâteau le père, qui étoit un
xécrable comédien, et qui passoit pour tel. Il fut
ourtant assez sot pour la faire imprimer, dans le
rétendu recueil des ouvrages de son fils, qui
'étoit qu'un amas de misérables madrigaux qu'on
ttribuoit à ce fils, et que de fades auteurs, qui
réquentoient le père, avoient composés. Tout ce
ue je puis vous dire de la destinée de ce célèbre
enfant, c'est qu'il fut un fameux fripon, et que,
ne pouvant subsister en France, il passa en Angleterre, où il abjura la religion catholique, et où il
est mort, il y a plus de vingt ans, ministre de la
religion prétendue réformée. Trouvez bon, monsieur, qu'un convalescent, comme je suis encore,
ne vous en dise pas davantage pour aujourd'hui,
et que je me contente de vous assurer que je
suis, etc.

[1] Gilles Boileau.

LETTRE CXLIV.

AU MÊME.

Paris, 14 mai 1707.

Je ne vous fais point d'excuses, monsieur, d'avoir été si long-temps sans vous écrire, parceque je suis las de commencer toujours mes lettres par le même compliment, et que d'ailleurs je suis si accoutumé à faillir, qu'il me semble qu'on ne me doit plus demander raison de mes fautes. Il y a pourtant quatre ou cinq jours que je me ressouvins de mon devoir, et que m'en allant à Auteuil pour m'y établir, je portai avec moi votre dissertation sur le tombeau des deux *Amandus* ou Amants à dessein d'y faire une exacte réponse; mais le froid m'en chassa dès le lendemain, et le pis est que j'y laissai cette dissertation. Cependant je ne saurois me résoudre à tarder davantage à vous dire au moins en général ce que j'en pense, qui est que j'ai trouvé vos réflexions fort justes. Le monument néanmoins ne me semble pas de fort grand goût, a une pesanteur, à mon avis, tirant au gothique. Quoi qu'il en soit, messieurs de Lyon sont fort louables du soin qu'ils ont de conserver jusqu'aux médiocres ouvrages de la respectable antiquité. Pour votre inscription, elle est, à mon avis, très bonne et très latine, et je n'y ai trouvé à redire que le mot *reparari*, qui ne veut point dire, à mon sens, dans la bonne latinité, être *réparé*, mais être *racheté*:

Vina Syra reparata merce [1].

Instaurari, selon moi, sera beaucoup meilleur, car *restaurari* ne vaut rien non plus. Ainsi, je mettrois *in alium locum transferri et instaurari* [2] *curaverunt*, etc. Je vous écris tout cela de mémoire, et peut-être, quand je serai de retour à Auteuil, et que j'aurai votre papier devant moi, vous manderai-je quelque chose de plus particulier.

Pour ma satire sur l'*Équivoque*, tout ce que je puis vous en dire maintenant, c'est qu'on va faire une nouvelle édition de mes ouvrages, où, selon toutes les apparences, je l'insérerai, et que, bien que j'y attaque à face ouverte tous les mauvais ca-

---

[1] HORACE, liv. I, ode XXXI, v. 12.
[2] La ville de Lyon adopta la leçon proposée par Boileau : mais le projet n'eut pas de suite.

suistes, je ne crains point que les jésuites s'en offensent, puisqu'ils y seront même loués, à mes sieurs de Trévoux près, que je n'y nommerai point quoiqu'ils m'aient attaqué par mes propres nom et surnoms. Mais quoi?

Aujourd'hui vieux lion, je suis doux et traitable [1].

Adieu, mon illustre monsieur, aimez-moi toujours et croyez que je suis très affectueusement, etc.

LETTRE CXLV.

AU MÊME.

Auteuil, 2 août 1707.

Je ne saurois, monsieur, assez vous marquer la honte que j'ai d'avoir été si long-temps à répondre à vos agréables lettres; mais, grace à votre bonté je suis si sûr de mon pardon, que je ne sais pas même si pour l'obtenir je suis obligé de le demander. La vérité est pourtant que j'ai été malade, e

---

[1] Épître v.

que je ne suis pas encore bien guéri de plusieurs infirmités que j'ai eues depuis six mois, et qui ne m'ont que trop bien prouvé que j'ai soixante et dix ans.

Mais venons à votre dernière lettre, ou plutôt à votre dernière dissertation. J'avoue que *restituere* est le vrai mot des médailles, pour dire qu'on a rétabli un ouvrage qui tomboit en ruine; mais je ne sais si on peut se servir de ce mot pour un ouvrage qu'on transporte ailleurs, et c'est ce qui a fait que je vous ai proposé le mot d'*instaurare*, qui est un mot très reçu dans la bonne latinité; car pour le mot de *restaurare*, il me paroît du bas Empire. A mon avis, néanmoins, *restituere* ne gâtera rien, et vous pouvez choisir.

Je suis ravi que messieurs de l'Hôtel-de-Ville de Lyon aient si bonne opinion de moi, et que mes ouvrages puissent paroître sans crainte *Lugdunensem ad aram*. Le public et mes libraires sur-tout me pressent fort d'en donner une nouvelle édition in-4°, et je vous réponds, si je me résous à leur complaire, qu'elle sera du caractère que vous souhaitez; mais franchement aujourd'hui je fuis autant le bruit que je l'ai cherché autrefois; et je sens bien que les additions que j'y mettrai, ne sauroient manquer d'en exciter beaucoup. J'ai pourtant mis ma satire contre l'Équivoque, adressée à l'équivoque même, en état de paroître aux yeux même des plus relâchés jésuites, sans qu'ils s'en puissent le moins du monde offenser. Et, pour vous en donner ici par avance une preuve, je vous dirai qu'après y avoir attaqué assez finement les plus affreuses propositions des mauvais casuistes, et celles surtout qui sont condamnées par le pape Innocent XI, voici comme je me reprends :

> Enfin ce fut alors que, sans se corriger,
> Tout pécheur... Mais où vais-je aujourd'hui m'engager?
> Veux-je ici, rassemblant un corps de tes maximes,
> Donner Soto, Bannez, Diana, mis en rimes ;
> Exprimer tes détours burlesquement pieux,
> Pour disculper l'impur, le gourmand, l'envieux ;
> Tes subtils faux-fuyants pour sauver la mollesse,
> Le larcin, le duel, le luxe, la paresse ;
> En un mot, faire voir à fond développés,
> Tous ces dogmes affreux d'anathème frappés,
> Qu'en chaire tous les jours, combattant ton audace,
> Blâment plus haut que moi les vrais enfants d'Ignace, etc.

Je vous écris ce petit échantillon afin de vous faire concevoir ce que c'est à-peu-près que la pièce. Je vous prie de ne le confier à personne, et de croire que je suis à outrance, etc.

LETTRE CXLVI.

A M. DE LOSME DE MONCHESNAI.

SUR LA COMÉDIE.

Septembre 1707.

Puisque vous vous détachez de l'intérêt du ramoneur, je ne vois pas, monsieur, que vous ayez aucun sujet de vous plaindre de moi, pour avoir écrit que je ne pouvois juger à la hâte d'ouvrages comme les vôtres, et sur-tout à l'égard de la question que vous entamez sur la tragédie et sur la comédie, que je vous ai avoué néanmoins que vous traitiez avec beaucoup d'esprit; car, puisqu'il faut vous dire le vrai, autant que je puis me ressouvenir de votre dernière pièce, vous prenez le change, et vous y confondez la comédienne avec la comédie, que, dans mes raisonnements avec le P. Massillon, j'ai, comme vous savez, exactement séparées.

Du reste, vous y avancez une maxime qui n'est pas, ce me semble, soutenable; c'est à savoir,

qu'une chose qui peut produire quelquefois
mauvais effets dans des esprits vicieux, quoiqu
non vicieuse d'elle-même, doit être absolument d
fendue, quoiqu'elle puisse d'ailleurs servir au d
lassement et à l'instruction des hommes. Si cela e
il ne sera plus permis de peindre dans les églis
des vierges Maries, ni des Suzannes, ni des Mad
leines agréables de visage, puisqu'il peut fort bi
arriver que leur aspect excite la concupiscen
d'un esprit corrompu. La vertu convertit tout
bien, et le vice tout en mal. Si votre maxime
reçue, il ne faudra plus non seulement voir rep
senter ni comédie, ni tragédie, mais il n'en faud
plus lire aucune; il ne faudra plus lire ni Virgil
ni Théocrite, ni Térence, ni Sophocle, ni Homèr
et voilà ce que demandoit Julien l'Apostat, et c
lui attira cette épouvantable diffamation de la p
des Pères de l'Église. Croyez-moi, monsieur, at
quez nos tragédies et nos comédies, puisqu'el
sont ordinairement fort vicieuses: mais n'attaqu
point la tragédie et la comédie en général, pui
qu'elles sont d'elles-mêmes indifférentes, com
le sonnet et les odes, et qu'elles ont quelquef
rectifié l'homme plus que les meilleures prédic
tions: et, pour vous en donner un exemple adm
rable, je vous dirai qu'un grand prince, qui av
dansé à plusieurs ballets, ayant vu jouer le

tannicus de M. Racine, où la fureur de Néron à monter sur le théâtre est si bien attaquée, *il ne dansa plus à aucun ballet*, non pas même au temps du carnaval. Il n'est pas concevable de combien de mauvaises choses la comédie a guéri les hommes capables d'être guéris : car j'avoue qu'il y en a que tout rend malades. Enfin, monsieur, je vous soutiens, quoi qu'en dise le père Massillon, que le poëme dramatique est une poésie indifférente de soi-même, et qui n'est mauvaise que par le mauvais usage qu'on en fait. Je soutiens que l'amour exprimé chastement dans cette poésie, non seulement n'inspire point l'amour, mais peut beaucoup contribuer à guérir de l'amour les esprits bien faits, pourvu qu'on n'y répande point d'images n[i] de sentiments voluptueux; que s'il y a quelqu'u[n] qui ne laisse pas, malgré cette précaution, de s'[y] corrompre, la faute vient de lui, et non pas de l[a] comédie. Du reste, je vous abandonne le comédie[n] et la plupart de nos poëtes, et même M. Racine e[n] plusieurs de ses pièces. Enfin, monsieur, souve[-] nez-vous que l'amour d'Hérode pour Mariamne dans Josèphe, est peint avec tous les traits les plu[s] sensibles de la vérité. Cependant quel est le fo[u] qui a jamais, pour cela, défendu la lecture de Jo[-] sèphe? Je vous barbouille tout ce canevas de dis[-] sertation, afin de vous montrer que ce n'est pa[s] sans raison que j'ai trouvé à redire à votre raisonnement. J'avoue cependant que votre satire est pleine de vers bien trouvés. Si vous voulez répondre à mes objections, prenez la peine de le faire de bouche, parceque autrement cela traîneroit à l'infini : mais sur-tout, trêve aux louanges ; je ne les mérite point, et n'en veux point. J'aime qu'on me lise, et non qu'on me loue. Je suis, etc.

LETTRE CXLVII.

A BROSSETTE.

Paris, 24 novembre 1707.

Je ne vous cacherai point, monsieur, que j'ai été attaqué depuis plus de quatre mois d'un tournoiement de tête qui ne m'a pas permis de m'appliquer à rien, ni même à répondre à des lettres aussi obligeantes que les vôtres. J'avois prié M. Falconnet qui me vint voir, il y a assez long-temps, de votre part, à Auteuil, de vous mander mon incommodité, et il s'en étoit chargé ; mais je vois bien qu'il n'a pas jugé la chose assez importante pour vous l'écrire, et j'en suis bien aise, puisqu'il est médecin et qu'il n'a pas mauvaise opinion de ma maladie. Il m'a paru homme de savoir et de beaucoup d'esprit. Graces à Dieu, me voilà en quelque sorte guéri, et je ne me ressens plus de mon mal, si ce n'est en marchant qu'il me prend quelquefois de petits tournoiements que j'attribue plutôt à mes soixante-dix années que j'ai entendu sonner le jour de la Toussaint, qu'à aucune maladie. Je ne me sens pas encore si bien remis, que j'ose m'engager à vous écrire une longue lettre.

Permettez, monsieur, que je me contente de répondre très succinctement à ce que vous me demandez. Je vous dirai donc que pour le livre du P. Jean Barnès, je n'en ai point besoin, puisque je sais assez de mal de l'*équivoque*, sans qu'on m'en apprenne rien de nouveau, et que j'ai même peur d'en avoir déja trop dit.

Pour ce qui est du prétendu bon mot qu'on m'attribue sur M. Racine, il est entièrement faux, et sûrement de la fabrique de quelque provincial, qui ne sait pas même ce que nous avons fait M. Racine et moi. Et où diable M. Racine a-t-il jamais rien composé qui regarde Atys, ni sur-tout Bertaud dont je suis sûr qu'il n'avoit jamais ouï parler?

Pour ce qui est du sonnet, la vérité est que je le fis presque à la sortie du collége, pour une de mes nièces, environ du même âge que moi, et qu

mourut entre les mains d'un charlatan de la
culté de médecine, âgée de dix-huit ans. Je
donnai alors à personne, et je ne sais pa:
quelle fatalité il vous est tombé entre les m
après plus de cinquante ans que je le comp
Les vers en sont assez bien tournés, et je n
désavouerois pas même encore aujourd'hui,
toit une certaine tendresse tirant à l'amour
est marquée, qui ne convient point à un oncle
sa nièce, et qui y convient d'autant moins q
mais amitié ne fut plus pure ni plus inno
que la nôtre. Mais quoi! je croyois alors q
poésie ne pouvoit parler que d'amour. C'est
réparer cette faute, et pour montrer qu'on
parler en vers même de l'amitié enfantine
j'ai composé, il y a environ quinze ou seize
le seul sonnet qui est dans mes ouvrages,
commence par :

Nourri dès le berceau près de la jeune Orante,

Vous voilà, je crois, monsieur, bien éclai
n'y a de fautes dans la copie du sonnet, sinon
lieu de :

Parmi les doux excès,

il faut :

Parmi les doux transports;

et au lieu de :

Ha ! qu'un si rude coup...

il faut :

Ah ! qu'un si rude coup...

Pour ce qui est des traductions latines que vous voulez que je vous envoie, il y en a un si grand nombre, qu'il faudroit que la poste eût un cheval exprès pour les porter toutes ; et je ne saurois vous les faire tenir, que vous ne m'enseigniez un moyen Adieu, mon cher monsieur, croyez que je suis plus que jamais, etc.

LETTRE CXLVIII.

AU MÊME.

Paris, 6 décembre 1707.

Le croiriez-vous, monsieur ? Si j'ai tardé si long-temps à vous remercier de votre magnifique présent, cela ne vient ni de ma négligence, ni de mes tournoiements de tête dont je suis presque entièrement guéri. Tout le mal ne procède que de mo[n] cocher, qui, ayant reçu en mon absence la lettre que vous me faisiez l'honneur de m'écrire, l'a gardée très poétiquement douze jours entiers dans la poche de son justaucorps, et ne me l'a donnée qu'hier au soir; de sorte que j'ai reçu votre présent sans savoir presque d'où il me venoit. J'en ai pourtant goûté un grand plaisir, et je crois pouvoir vous dire sans me tromper, qu'il ne s'est jamais mangé de meilleurs fromages à la table ni des Broussin ni des Bellenave; et pour preuve de ce que je dis, c'est que je n'ai pu me défendre d'en donner trois à M. Le Verrier qui en est amoureux, et qui les met au-dessus des Parmesans. Jugez donc si vos souhaits sont accomplis! Je ne le crois guère inférieur aux *Coteaux* pour la délicatesse du goût. Je ne lui ai point encore montré votre lettre, qui assurément le réjouira fort.

Je commence à être un peu en peine, connoissant votre exactitude, de ce que je n'ai point encore reçu de réponse à la lettre que je me suis donné l'honneur de vous écrire le mois passé. Auriez-vous aussi à Lyon quelque cocher ou quelque laquais poëte qui l'eût gardée dans sa poche?

Je vous y marquois, je crois, ou plutôt je ne vous y marquois point la joie que j'ai que vous ne désapprouviez point les traductions latines qu'on fait de mes ouvrages. Il y en a plus de six nou-

ellement imprimées, qui ont toutes leur mérite.
En voici la liste : la Satire du Festin, le premier
chant du Lutrin, l'Épître de l'Amour de Dieu,
l'Épître à M. de Lamoignon, la Satire de l'Homme,
le cinquième chant du Lutrin et une infinité d'autres qui ne sont point imprimées, et qu'on m'a
données écrites à la main. Ainsi, monsieur, me
voilà poëte latin confirmé dans toute l'université.

Mais à propos de latin, permettez-moi, monsieur,
de vous dire que je ne saurois approuver ce que
vous me mandez, ce me semble, dans une de vos
lettres précédentes, « que vous ne sauriez souffrir
« qu'Horace dans ses satires et dans ses épîtres soit
« si négligé. » Jamais homme ne fut moins négligé
qu'Horace; et vous avez pris pour négligence
vraisemblablement de certains traits où, pour attraper la naïveté de la nature, il paroît de dessein
formé se rabaisser, mais qui sont d'une élégance
qui vaut mieux quelquefois que toute la pompe de
Juvénal. Je vous en dirois davantage, mais je sens
que ma tête commence à s'engager. Permettez
donc que je m'arrête, et que je me contente de
vous dire que je suis....

LETTRE CXLIX.

A DESTOUCHES,

SECRÉTAIRE DE MONSEIGNEUR L'AMBASSADEUR DE FRANCE EN SUISSE[1],

A SOLEURE.

Paris, 26 décembre 1707.

Si j'étois en parfaite santé, vous n'auriez pas de moi, monsieur, une courte réplique. Je tâcherois, en répondant fort au long à vos magnifiques compliments, de vous faire voir que je sais rendre hyperboles pour hyperboles, et qu'on ne m'écrit pas impunément des lettres aussi spirituelles et aussi polies que la vôtre; mais l'âge et mes infirmités ne permettent plus ces excès à ma plume. Trouvez bon, monsieur, que, sans faire assaut d'esprit avec vous, je me contente de vous assurer que j'ai senti, comme je dois, vos honnêtetés, et que j'ai lu avec un fort grand plaisir l'ouvrage que vous m'avez fait l'honneur de m'envoyer. J'y ai trouvé en effet beaucoup de génie et de feu, et sur-tout

---

[1] M. le marquis de Puisieulx.

des sentiments de religion, que je crois d'autant plus estimables, qu'ils sont sincères, et qu'il me paroît que vous écrivez ce que vous pensez. Cependant, monsieur, puisque vous souhaitez que je vous écrive avec cette liberté satirique que je me suis acquise, soit à droit, soit à tort, sur le Parnasse, depuis très long-temps, je ne vous cacherai point que j'ai remarqué dans votre ouvrage de petites négligences, dont il y a apparence que vous vous êtes aperçu aussi bien que moi, mais que vous n'avez pas jugé à propos de réformer, et que pourtant je ne saurois vous passer. Car comment vous passer deux *hiatus* aussi insupportables que sont ceux qui paroissent dans les mots d'*essuient* et d'*envoie*, de la manière dont vous les employez? Comment souffrir qu'un aussi galant homme que vous fasse rimer *terre* à *colère?* Comment?.... Mais je m'aperçois qu'au lieu des remerciements que je vous dois, je vais ici vous inonder de critiques très mauvaises peut-être. Le mieux donc est de m'arrêter, et de finir en vous exhortant de continuer dans le bon dessein que vous avez de vous élever sur la montagne au double sommet, et d'y cueillir les infaillibles lauriers qui vous y attendent. Je suis avec beaucoup de reconnoissance....

LETTRE CL.

A BROSSETTE.

Paris, 27 avril 1708.

Je voudrois bien, monsieur, n'avoir que de mauvaises raisons à vous dire du long temps que j'ai été sans vous donner de mes nouvelles. Je n'aurois qu'à les habiller de termes obligeants, et je suis assuré que votre bonté pour moi vous les feroit trouver bonnes ; mais la vérité est que j'ai été depuis trois mois attaqué d'une infinité de maux, qui ont enfin abouti à une espèce d'hydropisie, dont je ne me suis tiré que par le secours du *médecin hollandois* [1]. Enfin, me voilà, si je l'en crois, hors d'affaire ; et le premier usage que j'ai cru devoir faire de ma santé, c'est de vous avertir, comme je fais, que je suis vivant, et que le ciel vous conserve encore en moi, dans Paris, l'homme du monde qui vous aime et vous honore le plus. Je suis avec toute sorte de reconnoissance....

---

[1] Adrien Helvétius. Le trop célèbre auteur DE L'ESPRIT, étoit son petit-fils.

LETTRE CLI.

AU MÊME.

Paris, 16 juin 1708.

Je ne vous ferai point d'excuses, monsieur, de ce que j'ai été si long-temps sans faire réponse à vos deux dernières lettres, puisque c'est par ordre du médecin que je me suis empêché d'écrire, et que c'est lui qui m'a défendu de faire aucun effort d'esprit (même agréable), jusqu'à ce que ma santé fût entièrement confirmée. Mais enfin me voilà presque tout-à-fait en état de réparer mes négligences, et il n'y a plus de traces en moi de l'*aquosus albo corpore languor*[1]. Quelquefois, même à l'heure qu'il est, je me persuade que je suis encore ce même ennemi des méchants vers, qui a enrichi le libraire Thierry, et il me semble que soixante et dix ans n'ont pas encore tellement appesanti ma plume, que je ne fisse avec succès une satire contre l'hydropisie, aussi bien que contre l'équivoque. Je doute néanmoins que celle que j'ai composée contre

---

[1] HORACE, liv. II, ode II, v. 15-16.

ce dernier monstre voie le jour avant ma mort, parceque je fuis autant aujourd'hui de faire parler de moi, que j'en ai été avide autrefois. La vérité est pourtant que je l'ai mise par écrit, qu'elle ne sera point perdue, et que si vous venez à Paris, comme vous me le promettez, je vous la lirai autant de fois que vous le souhaiterez.

Mais, à propos de ce voyage, savez-vous bien que vous êtes obligé de le faire en conscience, puisque c'est un des meilleurs moyens de me rendre ma santé, qui ne sauroit être mieux affermie que par le plaisir de voir un homme que j'estime et que j'honore autant que vous? Je vous prie donc de faire trouver bon à madame votre chère épouse que vous vous sépariez pour cela deux ou trois mois d'elle, sauf à racquitter, au retour de votre voyage, le temps perdu.

Je ne vous parle point ici de M. Vaginai, ni de tous vos autres célèbres magistrats, parcequ'il faudroit un volume pour vous dire tout le bien que je pense d'eux, et que je n'oserois encore vous écrire qu'un billet, que je cacherai même à Helvétius. Vous ne sauriez manquer de réussir auprès de M. Coustard, qui n'a fait graver mon portrait que pour le donner à des gens comme vous. Adieu, mon cher monsieur, aimez-moi toujours, et croyez que je suis très sincèrement....

LETTRE CLII.

BROSSETTE A BOILEAU.

Lyon, 26 juin 1708.

De toutes les lettres que vous m'avez fait l'honneur de m'écrire, monsieur, il n'en est aucune qui m'ait fait plus de plaisir que celle que je viens de recevoir. Non seulement vous m'y donnez des assurances du rétablissement de votre santé, mais encore vous m'en donnez des preuves sensibles par un certain air de gaieté et de contentement qui est répandu dans votre lettre, et qui s'est communiqué à mon cœur, par la conformité de mes sentiments avec les vôtres. Quand l'envie que j'ai de vous aller voir ne seroit pas aussi forte qu'elle l'est, vous me l'auriez donnée par l'invitation que vous m'en faites. Si l'entier affermissement de votre santé dépendoit de mon voyage, comme votre politesse vous le fait dire, soyez assuré, monsieur, que je l'entreprendrois dès ce moment, malgré quelques affaires indispensables qui me retiennent ici; mais je compte qu'elles seront finies dans peu de temps, et rien ne pourra m'empêcher d'aller jouir bientôt de votre présence et de votre entretien.

Je vous envoie une nouvelle traduction en vers latins de votre satire sixième. L'auteur de cette traduction est le P. du Treuil de l'Oratoire; il demeure à Soissons, et est frère de M. du Treuil qui a eu l'honneur de vous voir quelquefois de ma part. Cette traduction m'a paru exacte, à quelques endroits près; et pour la versification, elle n'est pas des plus mauvaises. Quand vous m'écrirez, vous aurez la bonté de m'en dire votre sentiment.

Toute la ville de Lyon a été depuis quelques jours dans un mouvement qui ne lui est pas ordinaire. Le duc de Savoie[1] nous menaçoit de ses approches; et nous avons travaillé pour notre sûreté intérieure, tandis que M. le maréchal de Villars[2]

---

[1] Victor Amédée II, né en 1666, mort en 1732; il étoit père de la duchesse de Bourgogne, mère de Louis XV.

[2] Louis-Claude duc de Villars, qui prit le nom d'Hector, maréchal en 1702, eut la gloire de conclure la paix avec le prince Eugène, à Rastadt, en 1714. Il fut président du conseil de guerre en 1715, représenta le connétable au sacre de Louis XV en 1722, et mourut à Turin, le 17 juin 1734, ne regrettant d'autre honneur que celui de périr sur un champ de bataille.

travailloit au-dehors pour notre défense. Ce mar[échal]
chal nous envoya, il y a dix jours, M. de Dillon
et M. de Saint-Patern², pour reconnoître l'état [de]
les forces de Lyon. Comme la garde de cette vil[le]
est confiée aux habitants, M. de Dillon les fit pass[er]
en revue dans notre grande et magnifique place [de]
Bellecour; et il fut surpris de voir des bourge[ois]
qui ne faisoient pas trop mal sous les armes. Au[ssi]
sont-ils accoutumés à les manier; car tous les so[irs]
la bourgeoisie, divisée par quartiers, fait la gar[de]
en plusieurs endroits de la ville.

Depuis ce temps-là on a doublé et triplé [les]
gardes; on répare et l'on augmente les fortific[a-]
tions; on remplit les magasins; enfin, tout est [mis]
en pratique pour nous garantir de surprise et d'[in-]
sulte. Cependant il y a lieu de croire que tou[tes]
nos précautions nous ont moins servi que no[tre]
bonne fortune; car le duc de Savoie, qui voul[oit]
venir à nous par la Tarantaise et par la Savoie, s[e]
retourne sur ses pas, sans avoir même passé l'Isè[re.]
M. le maréchal de Villars le suit d'assez près. [Il]

---

¹ Arthur, comte Dillon, né en Irlande, en 1670, sui[vit]
la fortune de Jacques II, et mourut en 1733, dans le ch[â-]
teau royal de Saint-Germain-en-Laye.

² Le marquis de Saint-Patern, lieutenant-général [des]
armées du roi.

mandé à M. de Dillon de s'en retourner, parcequ'[il] doit joindre le duc de Savoie; et peut-être sont-il[s] en présence dans le moment que je vous écris. J[e] suis, monsieur, votre très humble, etc.

LETTRE CLIII.

A BROSSETTE.

Paris, 7 août 1708.

Vous avez raison, monsieur, je vous l'avoue d'être surpris du peu de soin que j'ai de répondr[e] à vos obligeantes lettres; mais je crois que votr[e] étonnement cessera, quand je vous dirai que je suis depuis trois mois, malade d'un tournoiement d[e] tête, qui ne me permet pas les plus légères fonctions d'esprit, et que c'est par ordonnance du mé[de]cin, c'est-à-dire du *médecin hollandois*, que j[e] ne vous écris point. Aujourd'hui pourtant il n'y [a] médecin qui tienne, et je vous dirai, sauf le respec[t] qu'on doit à Hippocrate, que j'ai lu l'ouvrage qu[e] vous m'avez envoyé, et que j'y ai trouvé beaucou[p] de latinité et d'agrément. La satire qui y est tra[]duite est la sixième en rang dans mes écrits; mai[s]

la vérité est que c'est mon premier ouvrage, pui
que je l'avois originairement insérée dans l'adie
de Damon à Paris, et que c'est par le conseil
mes amis que j'en ai depuis fait une pièce à pa
contre les embarras des rues, qui m'ont paru u
chose assez chagrinante pour mériter une sati
entière.

Je voudrois bien vous pouvoir envoyer toutes
traductions qui ont été faites de mes autres o
vrages, et dont la plupart sont imprimées; m
je serois bien en peine à l'heure qu'il est de
trouver, parceque j'en ai fait présent, à mesu
qu'on me les a données, à ceux qui me les dem
doient. Je vois bien que dans peu il n'y aura
une de mes pièces qui ne soit traduite; car le
y est dans l'université. J'aurai soin de les amas
pour vous; mais il faut pour cela que ma tête
fixe, et que j'aie permission d'Helvétius. En ef
je doute même qu'il me pardonne de vous a\
écrit aujourd'hui, sans son congé, ce long bil
J'y ajouterai encore que j'ai pâli à la lecture d
que vous m'avez mandé du péril où s'est trou
notre chère ville de Lyon. Vous savez bien l'i
rêt que j'ai à sa conservation. Je vous dirai p
tant que dans la frayeur que j'ai eue, j'ai beauc
moins songé à moi qu'à vous et à tous nos illus
amis. Graces à Dieu et à la bravoure de vos h

tants, nous voilà en sûreté, et on ne verra point entrer dans la seconde ville du royaume *l'infidèle Savoyard.* Ce n'est point moi qui l'appelle ainsi, mais Horace qui l'a baptisé de ce nom, il y a tantôt deux mille ans, dans l'ode, *At ô Deorum,* etc. :

Rebusque novis infidelis Allobrox [1].

Mais voilà assez braver le médecin. Permettez, monsieur, que je finisse, et que je vous dise que je suis avec plus de reconnoissance que jamais...

LETTRE CLIV.

AU MÊME.

Paris, 9 octobre 1708.

Je suis surchargé, monsieur, d'incommodités et de maladies, et les médecins ne me défendent rien

---

[1] Ce vers n'est point dans l'ode v du livre V d'Horace, *At ô Deorum*, etc., dans laquelle il n'est pas question des Allobroges, mais de sortiléges. Il se trouve dans l'ode XVI, v. 8, du même livre, *Altera jam teritur,* etc.
Novisque rebus infidelis Allobrox.

nt que l'application. O la sotte chose que la vieillesse ! Aujourd'hui cependant il n'y a défense qui tienne, et dussé-je violer toutes les règles de la faculté, il faut que je réponde à votre dernière lettre.

Vous me demandez dans cette lettre comment je crois qu'on doit traduire *Meteora orationis*. A cela je vous répondrai que, pour vous bien satisfaire sur votre question, il faudroit avoir lu le livre de M. Samuel Werenfels[1], afin de bien concevoir ce qu'il entend par-là lui-même, ce mot étant fort vague, et ne voulant dire autre chose qu'un galimatias à perte de vue. Pour moi, quand j'ai traduit dans Longin ces mots, οὐχ ὑψηλὰ, ἀλλὰ μετέωρα, qu'il dit, ce me semble, de l'historien Callisthène, je me suis servi d'une circonlocution, et j'ai traduit que Callisthène ne s'élève pas proprement, mais se guinde si haut qu'on le perd de vue ; la langue françoise, à mon avis, n'ayant point le mot qui réponde juste au μετέωρα des Grecs, qui est à la vérité une espèce d'enflure, mais une espèce d'enflure particulière que le mot *enflure* n'exprime pas assez, et qui regarde plus la pensée que les mots. La Pharsale de Brébeuf, à mon avis, est le livre où vous pouvez le plus trouver

---

[1] Son principal ouvrage a pour titre DE LOGOMACHIIS ERUDITORUM.

d'exemples de ces μετέωρα. Je me souviens d'avoir lu dans un poëte italien [1], à propos de deux guerriers qui joutoient l'un contre l'autre, que les éclats de leurs lances volèrent si haut, qu'ils allèrent jusqu'à la région du feu, où ils s'allumèrent et tombèrent en cendre sur terre. Voilà un parfait modèle du style μετέωρα. Du reste, il peut y avoir de l'enflure qui ne soit point μετέωρα, comme par exemple ce que Démétrius Phaleræus rapporte d'un historien, qui, en parlant du ruisseau de Télèbe, rivière grande comme celle des Gobelins, se servoit de ces termes : « Ce fleuve descend à grands « flots des monts Lauriciens, et de là va se préci- « piter dans la mer, proche, etc.... » Ne diriez-vous pas, ajoute Démétrius, qu'il parle du Nil ou du Danube ? C'est là de la véritable enflure ; mais il n'y a point là de μετέωρον. Je vous rapporterois cent exemples pareils ; mais, comme je vous viens de dire, il faut avoir lu l'ouvrage de M. Samuel Werenfels, pour vous parler juste sur ce point ; et vous n'en aurez pas davantage pour cette fois, parceque je sens qu'une chaleur effroyable de poitrine que j'ai, et qui est causée par les glaces de la vieillesse, commence à redoubler. Permettez donc que

---

[1] Le Tassoni, dans la SECCHIA RAPITA, Cant. IX, Stanz. XVIII.

je me borne à ce court billet, et soyez bien persuadé que toutes vos lettres me font grand plaisir, quoique j'y réponde si peu exactement.

O mihi præteritos referat si Jupiter annos[1] !

quelles longues lettres n'auriez-vous pas à essuyer ! Je vous donne le bonjour, et suis parfaitement....

LETTRE CLV.

AU MÊME.

Paris, 7 janvier 1709.

Vous êtes, monsieur, l'ami du monde le plus commode, et avec lequel on peut le plus impunément faillir. Dans le temps que je m'épuise à chercher vainement dans mon esprit des raisons pour excuser ma négligence à votre égard, c'est vous-même qui vous déclarez le négligent; et peu s'en faut que vous ne me demandiez pardon de tous mes crimes. Je vois bien ce que c'est : vous me regardez comme un malade qu'il ne faut point cha-

[1] ENÉIDE, VIII, v. 560.

griner, et vous ne vous trompez pas, monsieur ; je suis malade et vraiment malade. La vieillesse m'accable de tous côtés. L'ouïe me manque, ma vue s'éteint, je n'ai plus de jambes, et je ne saurois plus monter ni descendre qu'appuyé sur les bras d'autrui. Enfin je ne suis plus rien de ce que j'étois; et, pour comble de misère, il me reste un malheureux souvenir de ce que j'ai été. Aujourd'hui pourtant il faut que je fasse encore le jeune, et que je réponde à deux objections que vous me faites dans quelques unes des lettres que vous m'avez écrites l'année précédente. Je les ai relues ce matin, et il ne sera pas dit que je n'y aie rien répliqué.

La première est sur la musique, dont j'ai eu tort, dites-vous, de ne pas employer les termes dans la description que Longin fait de la périphrase [1]. Mais est-il possible que vous me fassiez cette objection, après ce que vous avez lu dans mes remarques, où je dis en propres termes que ce que dit Longin peut signifier *les parties faites sur le sujet*, mais que je ne décide pas néanmoins, parcequ'il n'est pas sûr que les anciens connussent dans la musique ce que nous appelons *les parties;* que je penchois cependant vers l'affirmative, mais que je laissois aux ha-

[1] Traité du sublime, ch. XXIV.

biles en musique à décider plus précisément si le *son principal* veut dire le *sujet*? Ajoutez que par la manière dont j'ai traduit, tout le monde m'entend, au lieu que, si j'avois mis les termes de l'art, il n'y auroit que les musiciens proprement qui m'eussent bien entendu.

L'autre objection est sur ce vers de ma poétique :

De Styx et d'Achéron peindre les noirs torrents.

Vous croyez que

Du Styx, de l'Achéron peindre les noirs torrents

seroit mieux. Permettez-moi de vous dire que vous avez en cela l'oreille un peu prosaïque, et qu'un homme vraiment poëte ne me fera jamais cette difficulté, parceque *de Styx et d'Achéron* est beaucoup plus soutenu que *du Styx et de l'Achéron*. *Sur les bords fameux de Seine et de Loire* seroit bien plus noble dans un vers que *sur les bords fameux de la Seine et de la Loire*. Mais ces agréments sont des mystères qu'Apollon n'enseigne qu'à ceux qui sont véritablement initiés dans son art.

Je viens maintenant à votre dernière lettre. Vous m'y proposez une question qui a, dites-vous, agité beaucoup de gens habiles dans votre ville, et qui, pourtant, à mon avis, ne souffre point de contestation : car, qu'est-ce que l'ouïe au prix de la vue Vivre, et voir le jour, font deux synonymes. Les yeux au défaut des oreilles entendent; mais les oreilles ne voient point. J'ai vu un homme sourd de naissance, à qui, par la vue, on faisoit entendre jusqu'aux mystères de la Trinité. Mais, monsieur, il me semble que, pour un vieillard malade, je m'engage dans de grands raisonnements.

Le meilleur est, je crois, de me borner ici vous remercier de vos présents. Je les partagerai ce matin avec M. Le Verrier, chez qui je vais dîner; et je vous réponds que votre santé y sera célébrée. Mille remerciements à madame votre chère et illustre épouse, de la bonté qu'elle a de se souvenir de moi. J'ai, sur le peu que vous m'en avez dit, une idée d'elle qui passe de beaucoup les Pénélope et les Lucrèce. Il ne me reste plus qu'à vous demander pardon de la précipitation avec laquelle je vous écris, et qui est cause d'un nombre infini de ratures, que je ne sais si vous pourrez débrouiller. Mais quoi ! je serois perdu s'il falloit récrire mes lettres, et il arriveroit fort bien que je ne vous écrirois plus. Le moindre travail me tue et même, dans le moment que je vous parle, il me vient de prendre un tournoiement de tête, qui ne me laisse que le temps de vous dire que je vou aime et vous respecte plus que jamais, et que je suis parfaitement, etc.

LETTRE CLVI.

AU MÊME.

Paris, 15 mai 1709.

Je voudrois bien, monsieur, n'avoir que de mauvaises excuses à vous faire du long temps que j'ai été sans répondre à vos obligeantes lettres, puisque, de l'humeur dont je vous vois, vous ne laisseriez pas de les trouver bonnes; mais la vérité est que mes tournoiements de tête continuent toujours; que je ne puis plus monter ni descendre que soutenu par un valet; que ma mémoire finit, que mon esprit m'abandonne; et qu'enfin j'ai quatre-vingts ans à soixante-onze. Cependant je vous supplie de croire que j'ai toujours pour vous la même estime, et que je reçois toujours vos lettres avec grand plaisir.

Je ne saurois assez vous admirer, vous et vos confrères académiciens, de la liberté d'esprit que vous conservez au milieu des malheurs publics; et je suis ravi que vous vous appliquiez plutôt à parler *des funérailles des anciens*, qu'à faire les funérailles de la félicité publique, morte en France depuis plus de quatre ans. Cela s'appelle être philosophe, et marcher sur les pas d'Archimède, qu'on trouva faisant une démonstration géométrique dans le temps qu'on prenoit d'assaut la ville de Syracuse où il étoit enfermé. Nous nous sentons à Paris de la famine [1] aussi bien que vous, et il n'y a point de jour de marché où la cherté du pain n'y excite quelque sédition; mais on peut dire qu'il n'y a pas moins de philosophie que chez vous, puisqu'il n'y a point de semaine où l'on ne joue trois fois l'opéra, avec une fort grande abondance de monde, et que jamais il n'y eut tant de plaisirs, de promenades, et de divertissements.

Mais laissons là la joie et la misère publique, et venons aux questions que vous me faites dans votre dernière lettre.... Pour ce qui est du livre *de Meteoris orationis*, je vous dirai que je l'ai reçu et presque lu tout entier. Il est assez bien écrit. Ce que j'y ai trouvé à redire, c'est qu'il représente *Meteora orationis* comme un terme reçu chez les rhéteurs, pour dire *les excès du discours*; et cependant ce n'est qu'une figure, à mon avis, hasardée

---

[1] Le rigoureux hiver de 1709 causa une famine générale.

par Longin, pour exprimer *le style guindé*. Aussi ne l'ai-je pas rendu par un mot exprès ; mais je me suis contenté de dire du rhéteur que Longin accuse : « Il ne s'élève pas proprement, mais il se guinde si « haut, qu'on le perd de vue. » Adieu, mon illustre monsieur ; pardonnez mes ratures, et la précipitation avec laquelle je vous écris ; et prenez-vous-en à l'obligation où je me trouve de ne me point fatiguer l'esprit, et de ne pas irriter mes tournoiements de tête. Du reste, soyez bien persuadé que je suis avec plus de passion que jamais....

Je vous conjure instamment de faire de nouveau mes recommandations à tous vos illustres magistrats, et de leur bien marquer le respect que j'ai pour eux.

LETTRE CLVII.

AU MÊME.

Paris, 21 mai 1709.

Vous m'avez fait un plaisir infini, monsieur, de me mander avec quelle ardeur M. Perrichon prend mes intérêts vis-à-vis messieurs du consulat. Je vois bien qu'il ne compte pas pour un médiocre avantage un peu de mérite qu'il croit voir en moi, et qu'il ne regarde pas comme indigne d'être aimé des honnêtes gens, l'ennemi déclaré des méchants auteurs. Je vous prie de le bien charger de remerciements de ma part, et de le bien assurer que si Dieu rallume encore en moi quelques étincelles de santé, je les emploierai à faire voir dans mes dernières poésies la reconnoissance que j'ai de toutes ses bontés, aussi bien que de celles de tous vos autres illustres magistrats, en qui je reconnois l'esprit de ces fameux ancêtres, devant qui pâlissoit

Lugdunensem rhetor dicturus ad aram [1].

Mais à quoi je destine principalement ma poésie expirante, c'est à témoigner à toute la postérité les obligations particulières que je vous ai. J'espère que l'envie de m'acquitter en cela de mon devoir me tiendra lieu d'un nouvel Apollon; mais en attendant, trouvez bon que je me repose, et que je ne vous en dise pas même davantage pour cette fois. Au surplus, croyez qu'on ne peut être plus sincèrement et plus fortement que je le suis, etc.

[1] JUVÉNAL, sat. I, v. 44.

LETTRE CLVIII.

BROSSETTE A BOILEAU.

Lyon, ce 24 juin 1709.

Je crois, monsieur, que vous ne faites pas mal d'accepter l'offre qui vous a été faite par M. Bronod, et d'attendre quelque temps pour recevoir l'entier paiement de votre rente. Par ce moyen vous êtes bien éloigné de l'inconvénient que vous aviez d'abord appréhendé, puisqu'au lieu d'être incertain si l'on vous paieroit votre demi-année, vous voyez que la ville de Lyon, cette bonne mère, vous fait par avance le paiement de l'année entière. C'est une distinction que vous méritez bien, vous, monsieur, qui êtes le plus illustre et le plus cher de tous ses nourrissons. Oserois-je m'applaudir d'avoir pu contribuer au succès d'une chose qui vous fait quelque plaisir? Les occasions me manqueront souvent, elles me manqueront peut-être toujours; mais le zèle et la bonne volonté ne me manqueront jamais. Les promesses flatteuses que vous me faites, pour marquer votre reconnoissance, valent mieux cent fois que mes services les plus signalés.

Souviens-toi qu'en mon cœur tes écrits firent naître
L'ambitieux desir de voir et de connoître
L'arbitre, le censeur du Parnasse françois,
Le digne historien du plus grand de nos rois.
Je te vis, je t'aimai. Mon heureuse jeunesse,
Boileau, ne déplut point à ta sage vieillesse.
Tu souffris que j'allasse écouter tes leçons ;
Tu daignas m'enrichir de tes doctes moissons ;
Tu m'instruisis à fond de tes divins ouvrages,
Et tes écrits pour moi n'eurent plus de nuages.
Tu fis plus : secondant ma curieuse ardeur,
Tu commis à ma foi les secrets de ton cœur.
Souvent tu m'entretins de tes mœurs, de ta vie,
Des puissants ennemis que t'opposa l'envie,
Des honneurs éclatants où tu fus appelé :
Tes chagrins, tes plaisirs, tout me fut révélé.
Mon esprit, enchanté de toutes ces merveilles,
Occupoit tout entier mes avides oreilles ;
Et, dans les traits naïfs de ce vivant tableau,
Je vis à découvert l'ame du grand Boileau.
Mais dans quelque haut rang que ta muse te mette,
Je vis l'homme d'honneur au-dessus du poëte.
O toi ! qui peux transmettre à la postérité
Des vers marqués au coin de l'immortalité;
Toi qui, dans tes écrits chantés sur le Parnasse,
Es moins l'imitateur que le rival d'Horace ;

Toi, dont le dieu des vers prend le ton et la voix
Pour régler son empire et dispenser ses lois,
Vois le comble de gloire où mon esprit aspire !
Quand tu dis qu'Apollon en ma faveur t'inspire,
Boileau, tu me promets un honneur éternel ;
Le moindre de tes vers peut me rendre immortel.
Fais qu'un long avenir de mon nom s'entretienne ;
Qu'il connoisse ma gloire, en admirant la tienne ;
Et que ma renommée, emplissant l'univers,
Puisse aller aussi loin que le bruit de tes vers.

J'ai l'honneur d'être, monsieur, etc.

LETTRE CLIX.

LE RÉVÉREND PÈRE LE TELLIER [1], CONFESSEUR DU ROI,
AU PÈRE THOULIER [2], JÉSUITE.

Mont-Louis, ce 12 août 1709.

Paix en J. C.

D'autres jésuites que vous, mon révérend père, m'ont dit aussi que M. Despréaux désavouoit les vers que l'on fait courir sous son nom contre nous. Mais ces discours, tenus en particulier, n'empêchent point que le public ne continue à les lui attribuer; et nos ennemis, qui répandent ces vers avec empressement, lui en font honneur dans le

---

[1] Michel Le Tellier, né auprès de Vire en 1643, mort en 1719 à la Flèche, où l'avoit relégué le régent, fut un des premiers collaborateurs des MÉMOIRES DE TRÉVOUX.

[2] Connu depuis sous le nom de l'abbé d'Olivet. Il étoit alors préfet au collège de Louis-le-Grand. C'est un des hommes qui ont rendu les plus grands services à la langue françoise

monde. Ce n'est point nous qu'il est besoin de tromper, soit parceque M. Despréaux n'a point d'intérêt de ménager les jésuites, soit qu'ils croient qu'une telle pièce est plus capable de lui faire tort qu'à eux dans l'esprit des honnêtes gens. C'est le public et le roi qu'il a intérêt de détromper ; et il sait bien les moyens de le faire quand il le voudra, s'il croit qu'il y aille de son honneur. S'il ne le faisoit pas, il donneroit lieu à ceux qui ne l'aiment point, de dire qu'il a bien voulu avoir auprès de nos ennemis le mérite d'avoir fait ces vers-là, sans avoir auprès de nous la témérité de les avoir faits. Je suis de tout mon cœur, mon cher père, votre, etc. en N. S.

LE TELLIER, J.

LETTRE CLX.

LE PÈRE THOULIER A BOILEAU.

Le 13 août 1709.

Je vous ai promis, monsieur, de vous apprendre ce qui se passeroit à l'occasion des vers qui courent à Paris sous votre nom. Ils ont été montrés au

R. P. Le Tellier; et aussitôt que j'en ai été averti, je lui ai écrit que, non content de les désavouer, vous m'aviez fait paroître une estime très sincère pour notre compagnie, et toute la vivacité imaginable contre l'imposteur qui a emprunté votre nom pour nous insulter.

Voici à quoi se réduit la réponse qu'il m'a faite, et dans les propres termes qu'il emploie : « Ce n'est « point nous, c'est le public et le roi même que « M. Despréaux a intérêt de détromper; et il sait « bien les moyens de le faire quand il voudra. Ces « discours, tenus en particulier, n'empêchent point « que le public ne continue à lui attribuer ces vers; « et nos ennemis, qui les répandent avec empresse- « ment, lui en font honneur dans le monde. »

J'ai cru, monsieur, vous devoir fidèlement rapporter ce qu'il y a d'essentiel dans cette lettre du P. Le Tellier, pour vous marquer en même temps et mon zèle et ma sincérité. J'irai demain à Versailles pour une affaire qui ne m'y retiendra qu'une heure ou deux; je lui répéterai plus au long ce que je lui ai écrit. Vous savez que les ignorants et nos ennemis ne sont pas en petit nombre : les uns croient que vous avez fait les vers dont il s'agit, et les autres voudroient le persuader. Jugeriez-vous à propos de faire sur ce sujet quelque lettre ou quelque chose de semblable, qu'on pût rendre public, si ces sortes de bruits continuent? Au reste, cet expédient vient de moi seul, et je vous le propose sans façon, parceque je m'imagine que la droiture de mon intention excuse la liberté que je prends. Qu'on vous attribue de mauvaises pièces, et que les jésuites soient attaqués et calomniés, en tout cela il n'y a rien de nouveau; mais il est fâcheux, et pour vous et pour les jésuites, qu'on emploie hautement votre nom, pour flétrir avec plus de succès un corps où votre mérite est si bien reconnu, et où vous avez toujours eu tant d'amis. Je fais gloire d'en augmenter le nombre, et je suis avec un parfait dévouement, monsieur, votre très humble, etc.

THOULIER, J.

LETTRE CLXI.

RÉPONSE AU RÉVÉREND PÈRE THOULIER.

Paris, 13 août 1709.

Je vous avoue, mon très révérend père, que je suis fort scandalisé qu'il me faille une attestation par écrit pour désabuser le public, et sur-tou

d'aussi bons connoisseurs que les révérends père[s]
jésuites, que j'aie fait un ouvrage aussi impertine[nt]
que la fade épître en vers dont vous me parlez. [Je]
m'en vais pourtant vous donner cette attestatio[n]
puisque vous le voulez, dans ce billet, où je vo[us]
déclare qu'il ne s'est jamais rien fait de plus ma[u]-
vais, ni de plus sottement injurieux que cette gro[s]-
sière boutade de quelque cuistre de l'université; [et]
que, si je l'avois faite, je me mettrois moi-mêm[e]
au-dessous des Coras, des Pelletier et des Coti[n.]
J'ajouterai à cette déclaration, que je n'aurai ja[-]
mais aucune estime pour ceux qui, ayant lu me[s]
ouvrages, m'ont pu soupçonner d'avoir fait cett[e]
puérile pièce, fussent-ils jésuites. Je vous en di[-]
rois bien davantage si je n'étois pas malade, et [si]
j'en avois la permission de mon médecin. Je vou[s]
donne le bonjour, et suis parfaitement, mon révé[-]
rend père, votre, etc.

RÉPONSE GÉNÉRALE

AUX RÉVÉRENDS PÈRES JÉSUITES,
FAUSSEMENT ATTRIBUÉE A BOILEAU.

Grands et fameux auteurs, dont la docte critique
Se donne sur mes vers un pouvoir despotique,
Vous tremblez que, lassé de suivre Juvénal,
Je ne devienne enfin le singe de Pascal?
Non, sur un tel sujet, ne craignez rien, mes pères;
Mes veilles désormais me sont un peu trop chères,
Pour les perdre à montrer aux peuples abusés,
Sous des peaux de brebis, vos tigres déguisés :
Assez de votre estime on revient de soi-même.
Jadis à votre égard notre erreur fut extrême;
Mais on n'ignore plus les discours effrontés
Qu'à Sanchez Belzébut en personne a dictés;
Que Châtel, Ravaillac, gens dévoués aux crimes,
Avoient puisé chez vous ces damnables maximes :
« Qu'à qui veut simplement perdre ses ennemis,
« Tout, hormis la vengeance, est louable et permis. »
Mais pourquoi recourir aux histoires antiques?
Nos jours n'offrent-ils pas mille faits tyranniques?
Dans l'honneur, dans les biens des docteurs outragés;

Les Chinois dans l'erreur, par vous seuls replongés
De Brest par vos fureurs l'église profanée;
De prêtres une troupe éperdue, étonnée,
D'une plainte frivole attendant le succès,
Et déchue à la fin d'un trop juste procès;
Dans leurs pieux desseins des vierges traversées,
De leurs propres foyers comme infames chassées;
Arnauld, toujours en butte à votre ardent courroux
Tout cela, sans mes vers, parle trop contre vous.
Sur un si beau sujet pour écrire avec grace,
Ma muse n'a besoin de Pascal ni d'Horace;
Et, pour vous décrier chez la postérité,
Un auteur n'a besoin que de sincérité.
De la mienne déja l'on commence à se plaindre;
Mais vous la connoissez, et vous deviez la craindre
Sans me forcer à rompre un silence obstiné,
Où par discrétion je m'étois condamné.
Que de lâches auteurs craignent vos injustices:
A couvert de ma foi, je ris de vos caprices;
Et sous ce boulevard, où j'ai su me placer,
Vos traits empoisonnés ne sauroient me percer.
Profitez, s'il se peut, d'un exemple fidelle;
Vous devez avoir su l'aventure d'Entelle [1].
Plus sages désormais, songez à m'*épargner*;
Ou sinon rira bien qui rira le *dernier*.

[1] Énéide, V, v. 362 et suiv.

LETTRE CLXII.

A BROSSETTE.

Paris, 21 août 1709.

Deux jours après que j'eus reçu votre lettre du 24 juin, monsieur, je tombai malade d'une fluxion sur la poitrine et d'une fièvre continue assez violente, qui m'a tenu au lit tout le mois de juillet, et dont je ne suis relevé que depuis trois jours. Voilà ce qui m'a empêché de répondre à vos obligeantes lettres, et non point le peu de cas que j'aie fait de vos vers, qui m'ont paru très beaux, et où je n'ai trouvé à redire que l'excès des louanges que vous m'y donnez. Dès que je serai un peu rétabli, je ne manquerai pas de vous faire une ample réponse et un très exact remerciement; mais en attendant, je vous prie de vous contenter de ce mot de lettre, que je vous écris malgré l'expresse défense de mon médecin..... Je suis, avec une extrême reconnoissance......

LETTRE CLXIII.

AU MÊME.

Paris, 6 octobre 1709.

Il faut, monsieur, que vous n'ayez pas reçu une lettre que je me suis donné l'honneur de vous écrire, il y a environ deux mois, où je vous mandois que je sortois d'une très longue et très fâcheuse maladie, qui m'avoit tenu au lit plus de trois semaines, et dont il m'étoit resté des incommodités qui me mettoient hors d'état de répondre à vos précédentes lettres. Depuis ce temps-là, j'en ai encore reçu deux de votre part qui ne marquent pas même que vous ayez su que je fusse indisposé. Ainsi je vois bien qu'il y a du malentendu dans notre commerce.....

Ce qui me fâche le plus de cette méprise, c'est que dans ma lettre je vous parlois, comme je dois, des vers que vous avez faits en mon honneur, et sur lesquels vous devez être content, puisque je les ai trouvés fort obligeants et très spirituels. La lettre dont je vous parle étoit fort courte, et vous trouverez bon que celle-ci le soit aussi, parceque je ne suis pas si bien guéri, qu'il ne me reste encore des pesanteurs et des tournoiements de tête, qui ne me permettent pas de faire des efforts d'esprit. O là triste chose que soixante et douze ans! A la première renaissance de santé qui me viendra, je ne manquerai pas pourtant de répondre à toutes vos curieuses questions, etc..... Je suis autant que jamais.

LETTRE CLXIV.

AU P. THOULIER[1].

Paris, 13 décembre 1709.

Vous m'avez fait un très grand plaisir de m'envoyer la lettre que j'ai écrite à M. Maucroix; car, comme elle a été écrite fort à la hâte, et, comme on dit, *currente calamo*, il y a des négligences d'expression qu'il sera bon de corriger. Vous faites fort bien, au reste, de ne point insérer dans votre copie la fin de cette lettre, parceque cela me pour-

---

[1] L'abbé d'Olivet.

roit faire des affaires avec l'académie, et qu'il est bon de ne point réveiller les anciennes querelles.

J'oubliois à [1] vous dire qu'il est vrai que mes libraires me pressent fort de donner une nouvelle édition de mes ouvrages; mais je n'y suis nullement disposé, évitant de faire parler de moi, et fuyant le bruit avec autant de soin que je l'ai cherché autrefois. Je vous en dirai davantage la première fois que j'aurai le bonheur de vous voir. Ce ne sauroit être trop tôt. Faites-moi donc la grace de me mander quand vous voulez que je vous envoie mon carrosse; il sera sans faute à la porte de votre collége, à l'heure que vous me marquerez. Le droit du jeu pourtant seroit que j'allasse moi-même vous dire tout cela chez vous; mais, comme je ne saurois presque plus marcher qu'on ne me soutienne, et qu'il faut monter les degrés de votre escalier pour avoir le plaisir de vous entretenir, je crois que le meilleur est de vous voir chez moi. Adieu, mon très révérend père; croyez que je sens, comme je dois, les bontés que vous avez pour moi; et que je ne vous donne pas une petite place entre tant d'excellents hommes de votre société que j'ai eus

---

[1] Malherbe n'a jamais parlé différemment; et cette façon de parler s'est long-temps conservée dans le style familier.

pour amis, et qui m'ont fait l'honneur, comm[e]
vous, de m'aimer un peu, sans s'effrayer de l'es[-]
time très bien fondée que j'avois pour M. Arnaul[d]
et pour quelques personnes de Port-Royal, ne m'é[-]
tant jamais mêlé des querelles de la grace.

LETTRE CLXV.

AU MÊME.

Paris, 4 avril 1710.

Il n'y a point, mon révérend père, à se plaind[re]
du hasard. Peut-être a-t-il bien fait; car j'avois r[é-]
pandu fort à la hâte sur le papier les correctio[ns]
que je vous ai envoyées, et je suis persuadé q[ue]
j'en aurois rétracté plusieurs dans les entretie[ns]
que je prétendois sur cela avoir avec vous. Ains[i]
laissant toutes ces corrections, bonnes ou mau[-]
vaises, trouvez bon que je me contente de vo[us]
remercier de votre agréable présent. Je ne man[-]
querai pas de porter à M. Le Verrier, chez qui [je]
vais aujourd'hui dîner, le volume dont vous m'av[ez]
chargé pour lui. Il meurt d'envie de vous donn[er]

à dîner, et il faut que nous prenions jour pour cela. Adieu, mon illustre père. Aimez-moi toujours, et croyez que je ne perdrai jamais la mémoire du service considérable que vous m'avez rendu, en contribuant si bien à détromper les hommes de l'horrible affront qu'on vouloit me faire, en m'attribuant le plus plat et le plus monstrueux libelle qui ait jamais été fait. Je vous embrasse de tout mon cœur, et suis très parfaitement.....

~~~~~~~~~~~~~~~~~~~~~~~~~~~~~~~~~~~~~

LETTRE CLXVI.

A BROSSETTE.

Paris, 14 juin 1710.

Quelque coupable, monsieur, que je vous puisse paroître d'avoir été si long-temps sans répondre à vos fréquentes et obligeantes lettres, je n'aurois que trop de raisons à vous dire pour me disculper, si je voulois vous réciter le nombre infini d'infirmités et de maladies qui me sont venues accabler depuis quelque temps.

Quorum si nomina quæras,
Promptiùs expediam quot amaverit Hippia mœchos, etc.

Mais je me suis aperçu, dans une de vos lettres, que vous n'aimez point à entendre parler de maladies ; et moi je sens bien, par l'abattement et par l'affliction où cela me jette, que je ne saurois parler d'autre chose ; et pour vous montrer que cela est très véritable, je vous dirai que je ne marche plus que soutenu par deux valets ; qu'en me promenant, même dans ma chambre, je suis quelquefois au hasard de tomber par des étourdissements qui me prennent ; que je ne saurois m'appliquer le moins du monde à quelque chose d'important, qu'il ne me prenne un mal de cœur tirant à défaillance. Cependant je n'ai pas laissé de lire tout au long l'églogue que vous m'avez envoyée de votre excellent P. Bimet ; je l'ai trouvée très Virgilienne. Ainsi, quand je serois le personnage affreux qu'il s'est figuré de moi, vous pouvez l'assurer qu'il n'a rien à craindre de moi, qui ai toujours honoré les gens de mérite comme lui, et qui ai été et suis encore aujourd'hui ami de tant d'hommes illustres de sa société. En voilà assez, monsieur, et je sens déja que le mal de cœur me veut reprendre. Permettez donc que je me hâte de vous dire que je suis, plus violemment que jamais, etc.

LETTRE CLXVII.

L'ABBÉ BOILEAU AU MÊME.

.... Mars 1711.

Je ne suis nullement en état, monsieur, de faire une réponse aussi ample que je devrois à l'obligeante lettre qui vient de m'être rendue de votre part, du 24 de ce mois. L'affliction que j'ai dans le cœur de la perte que j'ai faite de mon frère, dont j'étois l'aîné de presque deux ans, ne me laisse pas la tête assez libre pour satisfaire, comme je voudrois, à ce devoir.

Permettez-moi donc, monsieur, de vous dire seulement que sa mort a été très chrétienne, et qu'il a donné la plus grande partie de ses biens aux pauvres. Il est passé en l'autre vie à dix heures du soir, le 11 de ce mois, âgé de soixante-quatorze ans et quatre mois, étant né le premier de novembre 1636. Il avoit été baptisé dans la Sainte-Chapelle royale du Palais, où il est enterré avec ses parents, dans le tombeau de notre famille; plusieurs desquels ont été chanoines et trésoriers de la Sainte-Chapelle.

Je vous en écrirai davantage, quand Dieu voudra que je sois plus en état de vous entretenir que je ne suis présentement. Je ferai tout ce qui dépendra de moi, pour vous donner satisfaction sur les papiers que vous me faites l'honneur de me marquer que vous desirez; je ne crois pas que rien m'échappe, la volonté de mon frère ayant été de me faire l'exécuteur de son testament. Je mettrai à part tout ce qui pourra vous convenir, comme lettres et autres ouvrages que j'aurai soin de vous envoyer. Trouvez bon, monsieur, qu'en son nom et au mien je vous embrasse de tout mon cœur étant avec toute la reconnoissance que je dois, e l'attachement possible, etc.

FIN DU CINQUIÈME ET DERNIER VOLUME.

TABLE

DES MATIÈRES CONTENUES DANS CE VOLUME.

LETTRE LXX. Brossette à Boileau. Page 1
LXXI. A Brossette. 4
LXXII. Brossette à Boileau. 7
LXXIII. A M. de Pontchartrain le fils, comte de Maurepas. 9
LXXIV. A Brossette. 11
LXXV. Brossette à Boileau. 13
LXXVI. A Brossette. 18
LXXVII. Au même. 20
LXXVIII. A M. de Pontchartrain le fils, comte de Maurepas. 23
LXXIX. Le comte de Maurepas à Boileau. 25
LXXX. A M. de La Chapelle. 26
LXXXI. A Brossette. 27
LXXXII. A M. de La Chapelle. 30
LXXXIII. A Brossette. 31
LXXXIV. Brossette à Boileau. 33
LXXXV. A Brossette. 36
LXXXVI. Au même. 40

TABLE.

Lettre LXXXVII. Au même.	Page 42
LXXXVIII. Au même.	44
LXXXIX. Au même.	48
XC. Au même.	50
XCI. Brossette à Boileau.	53
XCII. A Brossette.	57
XCIII. A Brossette.	58
XCIV. Au même.	60
XCV. L'abbé Tallemant à Boileau.	61
XCVI. A Brossette.	65
XCVII. Au même.	68
XCVIII. A l'abbé Bignon, conseill. d'état.	70
XCIX. A M. de Ponchartrain le fils, comte de Maurepas.	72
C. A Brossette.	74
CI. Au même.	76
CII. Au même.	78
CIII. Au même.	81
CIV. Au même.	83
CV. Au comte de Revel, lieutenant-général des armées du roi.	88
CVI. A Brossette.	90
CVII. Au même.	94
CVIII. Au même.	97
CIX. L'abbé Boileau, frère de Despréaux, à Brossette.	98

TABLE.

Lettre CX. A Brossette. Page 101
CXI. A M. de La Chapelle, à Versailles. 103
CXII. Brossette à Boileau. 105
CXIII. A Brossette. 108
CXIV. Brossette à Boileau. 113
CXV. A Brossette. 116
CXVI. Au même. 118
CXVII. Au même. 123
CXVIII. Au même. 129
CXIX. Au même. 131
CXX. A M.*** 135
CXXI. A Brossette. 138
CXXII. A M. Le Verrier. 140
CXXIII. A Brossette. 144
CXXIV. Au même. 145
CXXV. Jean-Baptiste Rousseau à Boileau. 147
CXXVI. A Brossette. 149
CXXVII. A M. de La Chapelle. 152
Épître adressée à Despréaux par Hamilton, qui ne s'étoit point nommé. 153
CXXVIII. Au comte de Grammont. 157
CXXIX. A Brossette. 160
CXXX. Au même. 163
CXXXI. Au comte Hamilton. 165
CXXXII. A Brossette. 167

TABLE.

Lettre CXXXIII. Au même.	Page 171
CXXXIV. Au même.	175
CXXXV. Au même.	177
CXXXVI. Au même.	182
CXXXVII. Au duc de Noailles.	185
CXXXVIII. M. Le Verrier au même.	188
CXXXIX. Au marquis de Mimeure.	195
CXL. A Brossette.	200
CXLI. Au même.	203
CXLII. Au même.	206
CXLIII. Au même.	207
CXLIV. Au même.	210
CXLV. Au même.	212
CXLVI. A M. de Losme de Monchesnai, sur la comédie.	215
CXLVII. A Brossette.	218
CXLVIII. Au même.	221
CXLIX. A Destouches.	224
CL. A Brossette.	226
CLI. Au même.	227
CLII. Brossette à Boileau.	229
CLIII. A Brossette.	232
CLIV. Au même.	234
CLV. Au même.	237
CLVI. Au même.	241
CLVII. Au même.	243

Lettre CLVIII. Brossette à Boileau.	Page 245
CLIX. Le père Le Tellier au père Thoulier.	248
CLX. Le père Thoulier à Boileau.	249
CLXI. Réponse de Boileau.	251
Réponse générale aux révérends pères jésuites.	253
Lettre CLXII. A Brossette.	255
CLXIII. Au même.	256
CLXIV. Au père Thoulier.	257
CLXV. Au même.	259
CLXVI. A Brossette.	260
CLXVII. L'abbé Boileau au même.	262

FIN DE LA TABLE.

www.ingramcontent.com/pod-product-compliance
Lightning Source LLC
Chambersburg PA
CBHW050324170426
43200CB00009BA/1449